Este Libro

Pertenece a

CAMIÓN DE BOMBEROS LIBRO DE COLOREAR

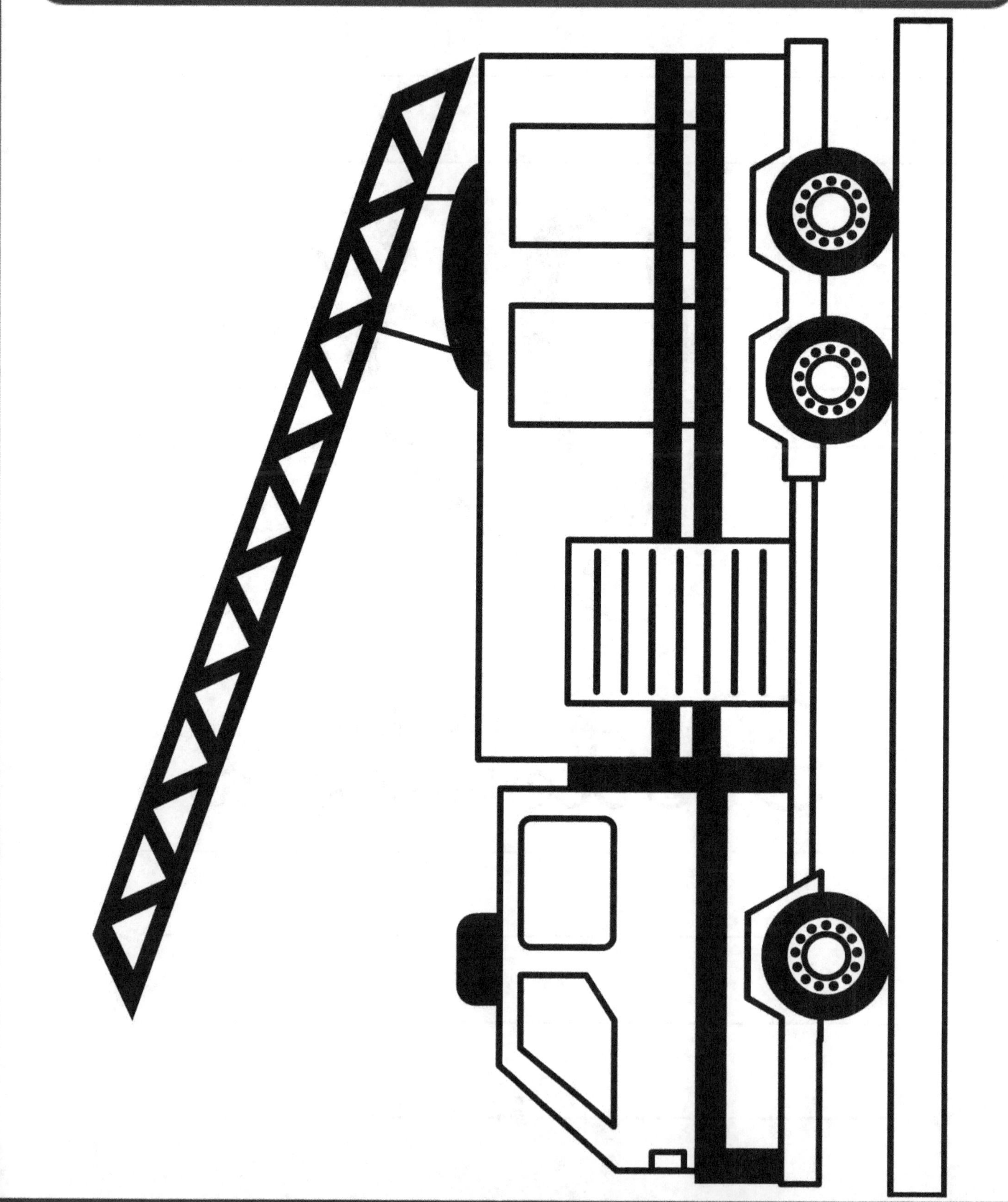

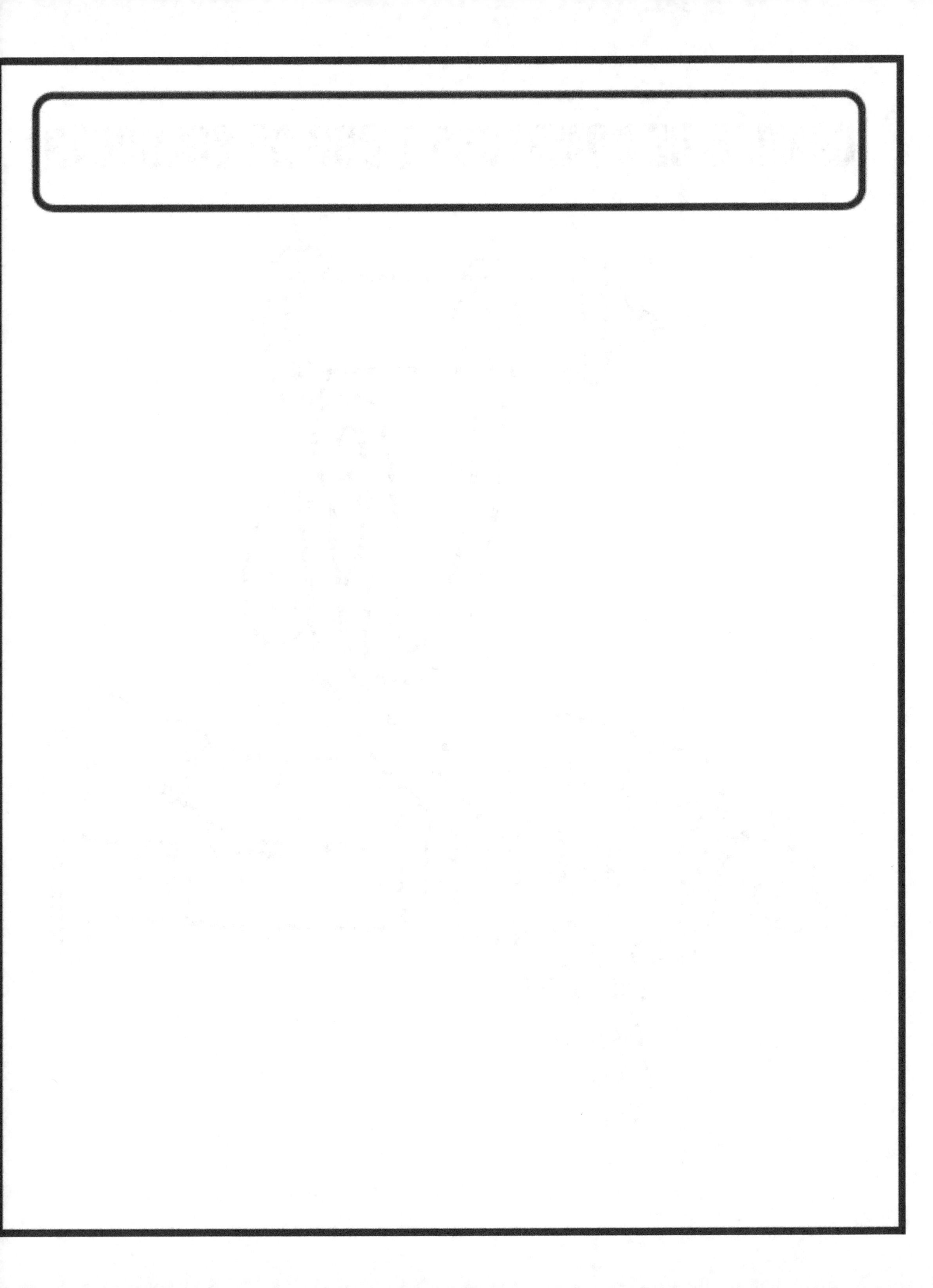

CAMIÓN DE BOMBEROS LIBRO DE COLOREAR

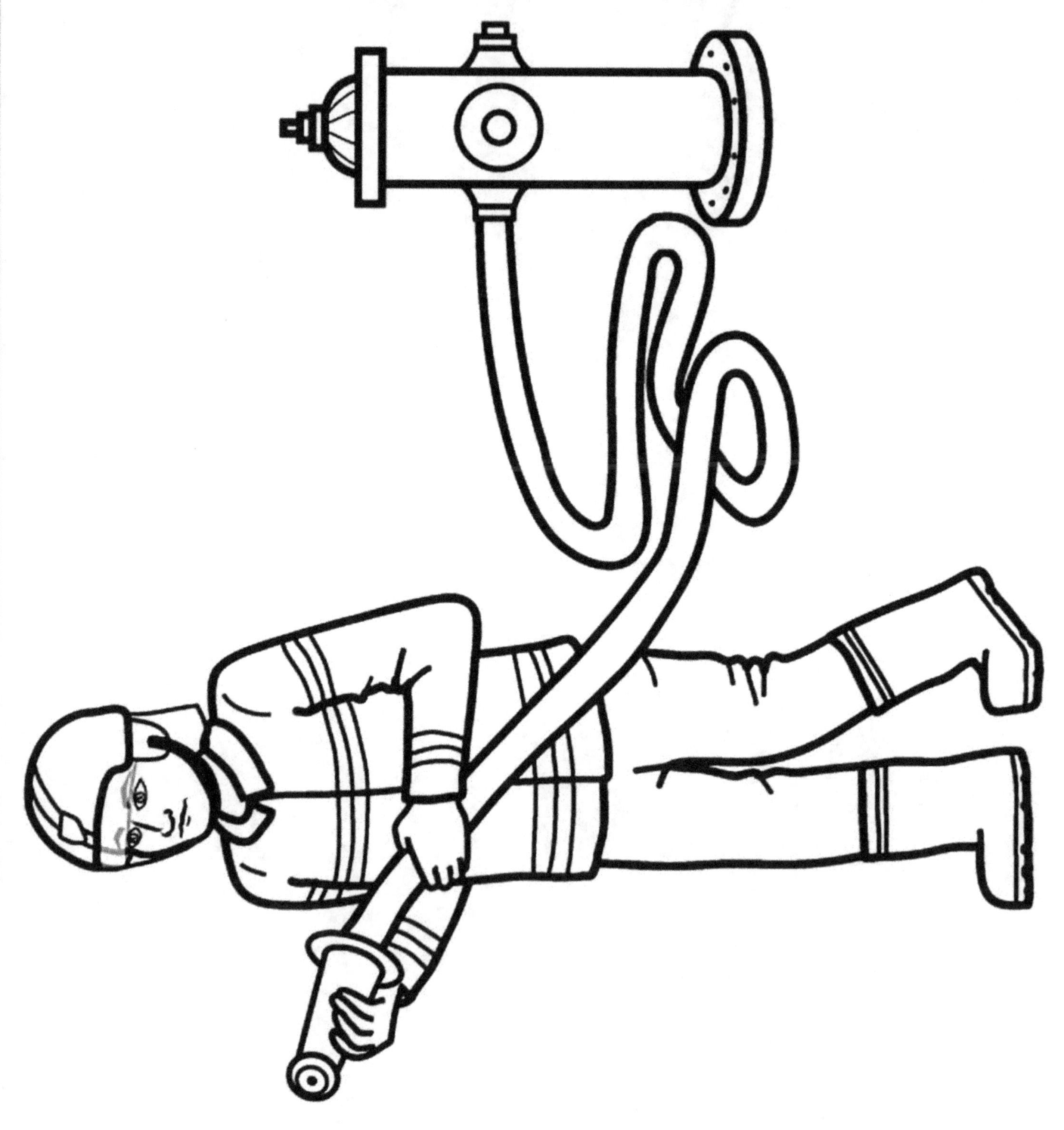

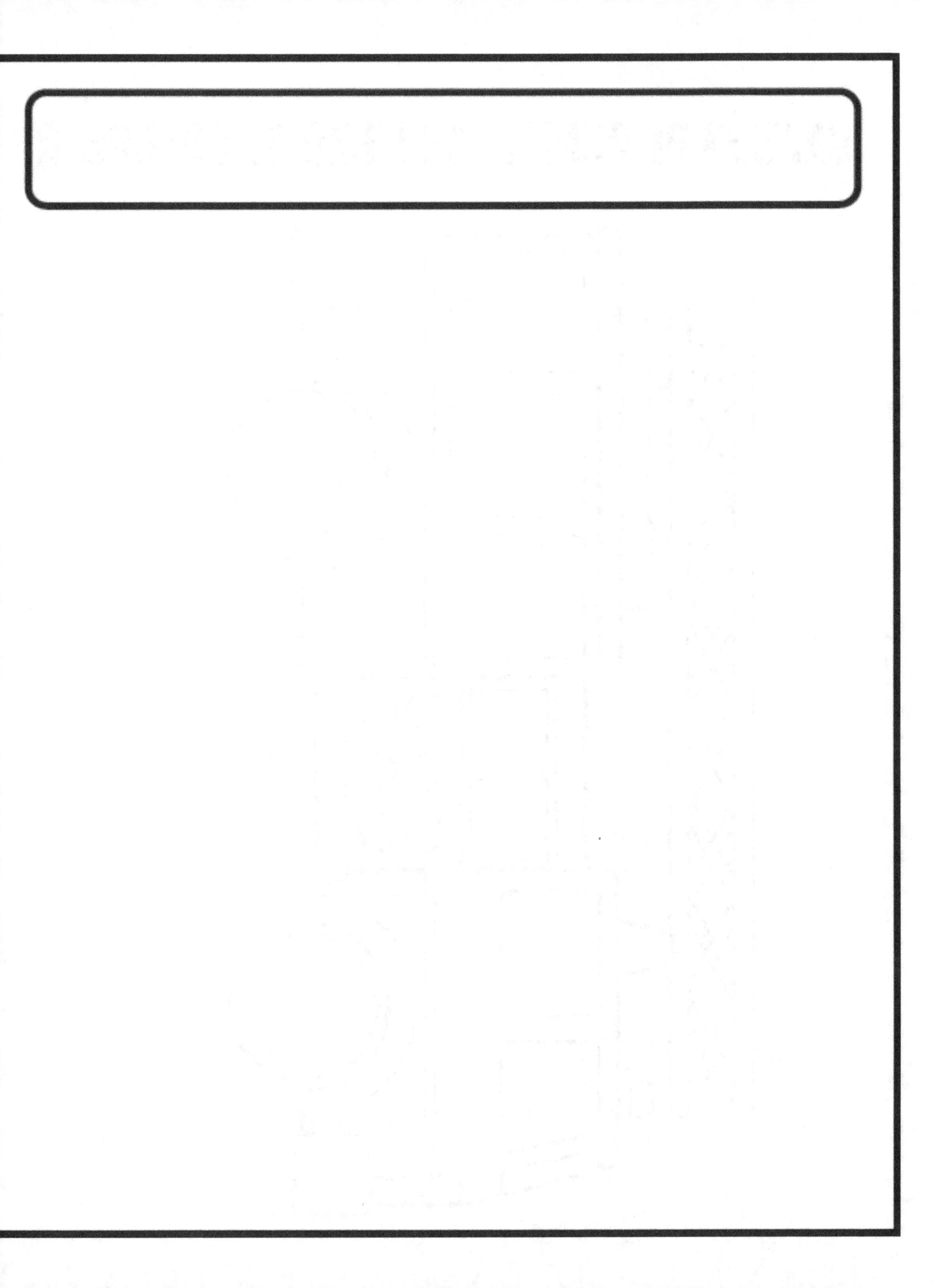

CAMIÓN DE BOMBEROS LIBRO DE COLOREAR

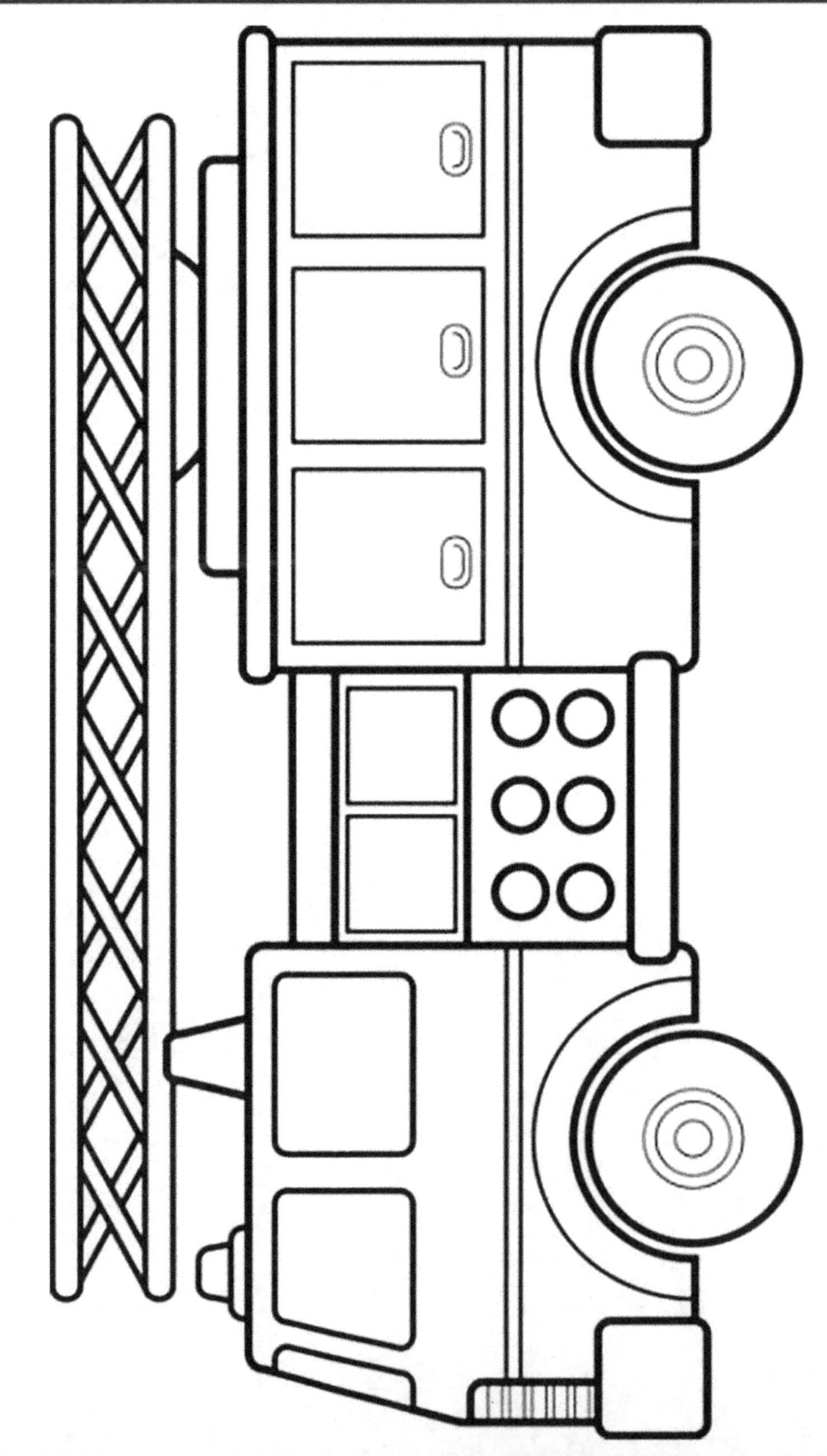

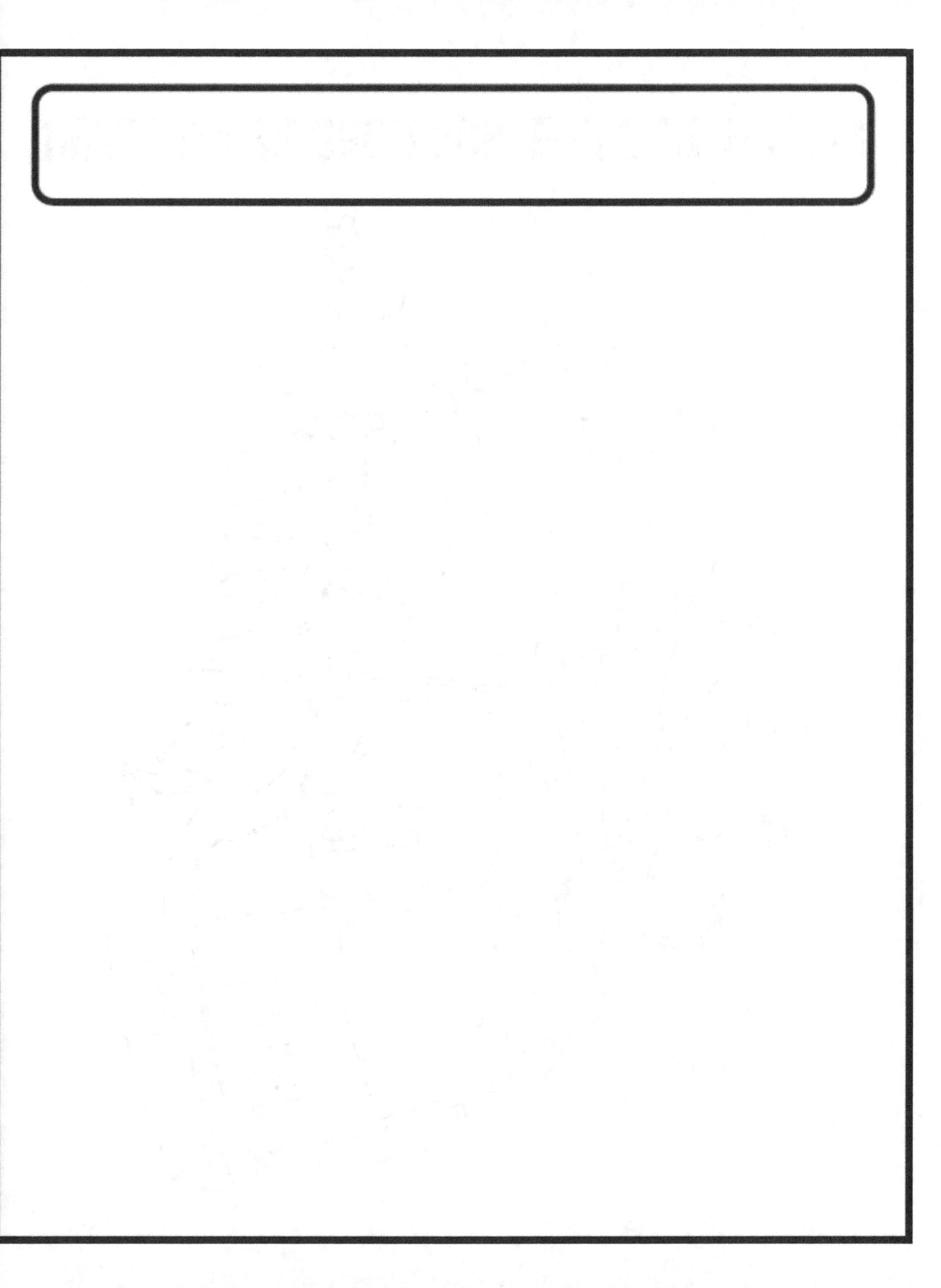

CAMIÓN DE BOMBEROS LIBRO DE COLOREAR

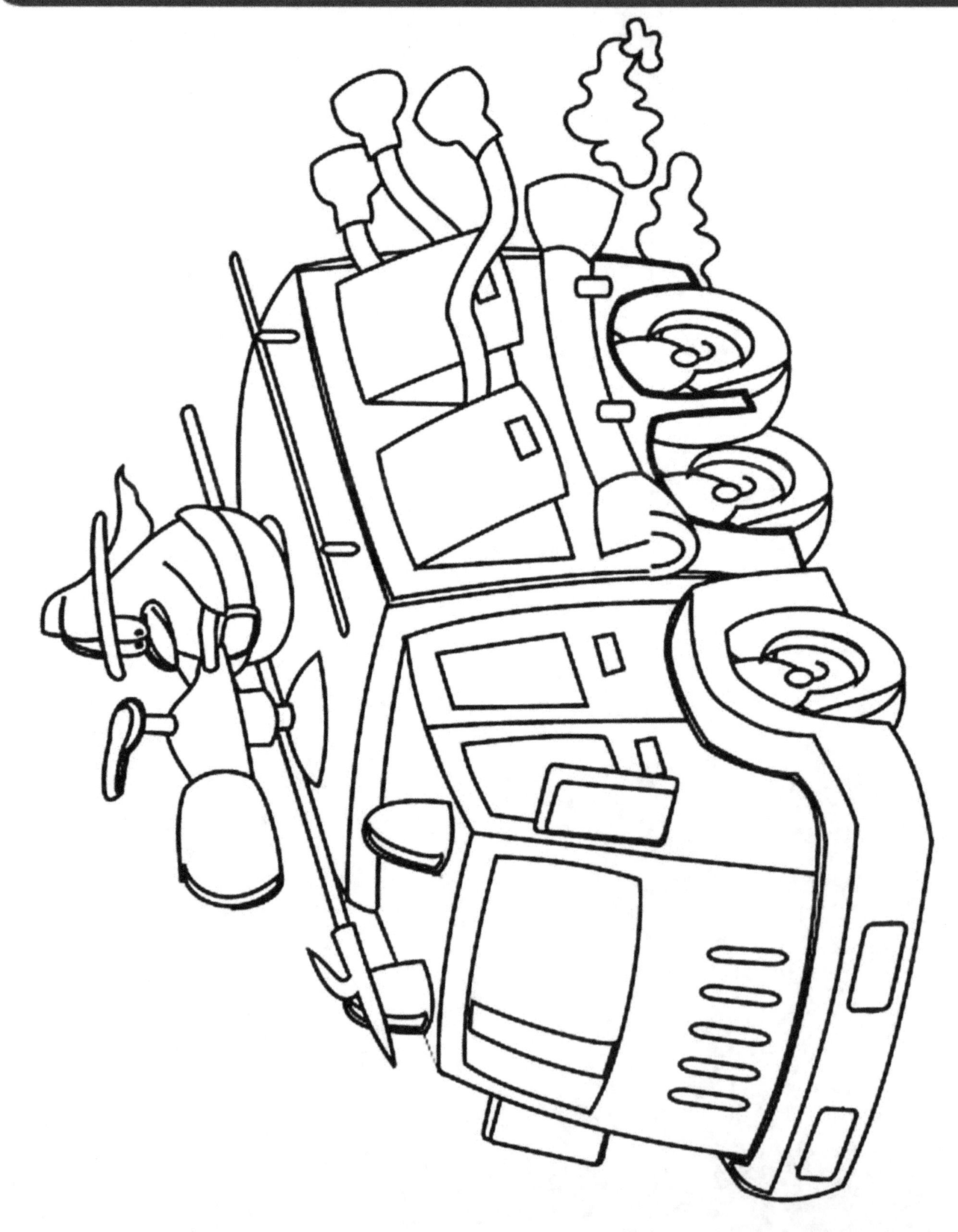

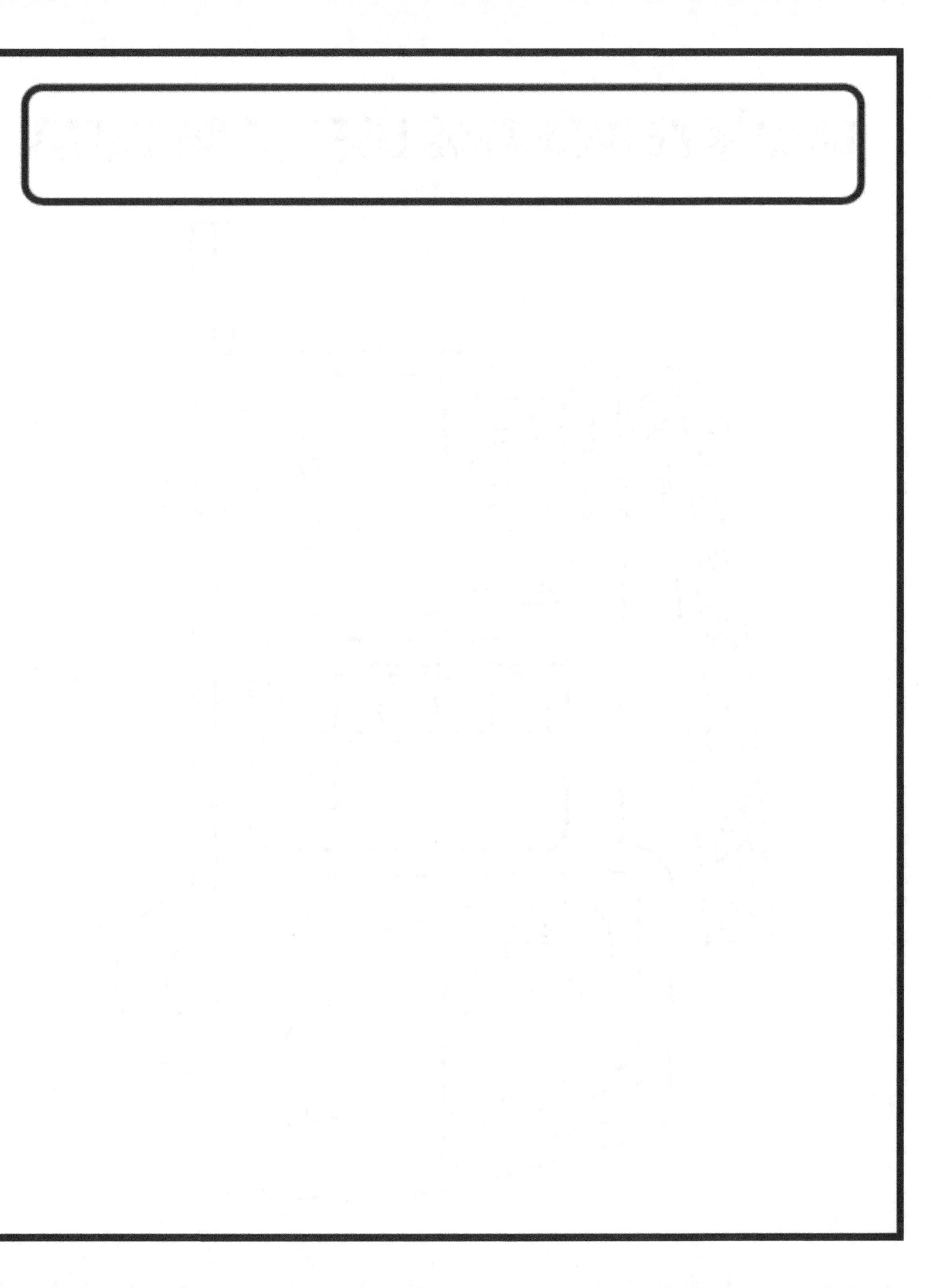

CAMIÓN DE BOMBEROS LIBRO DE COLOREAR

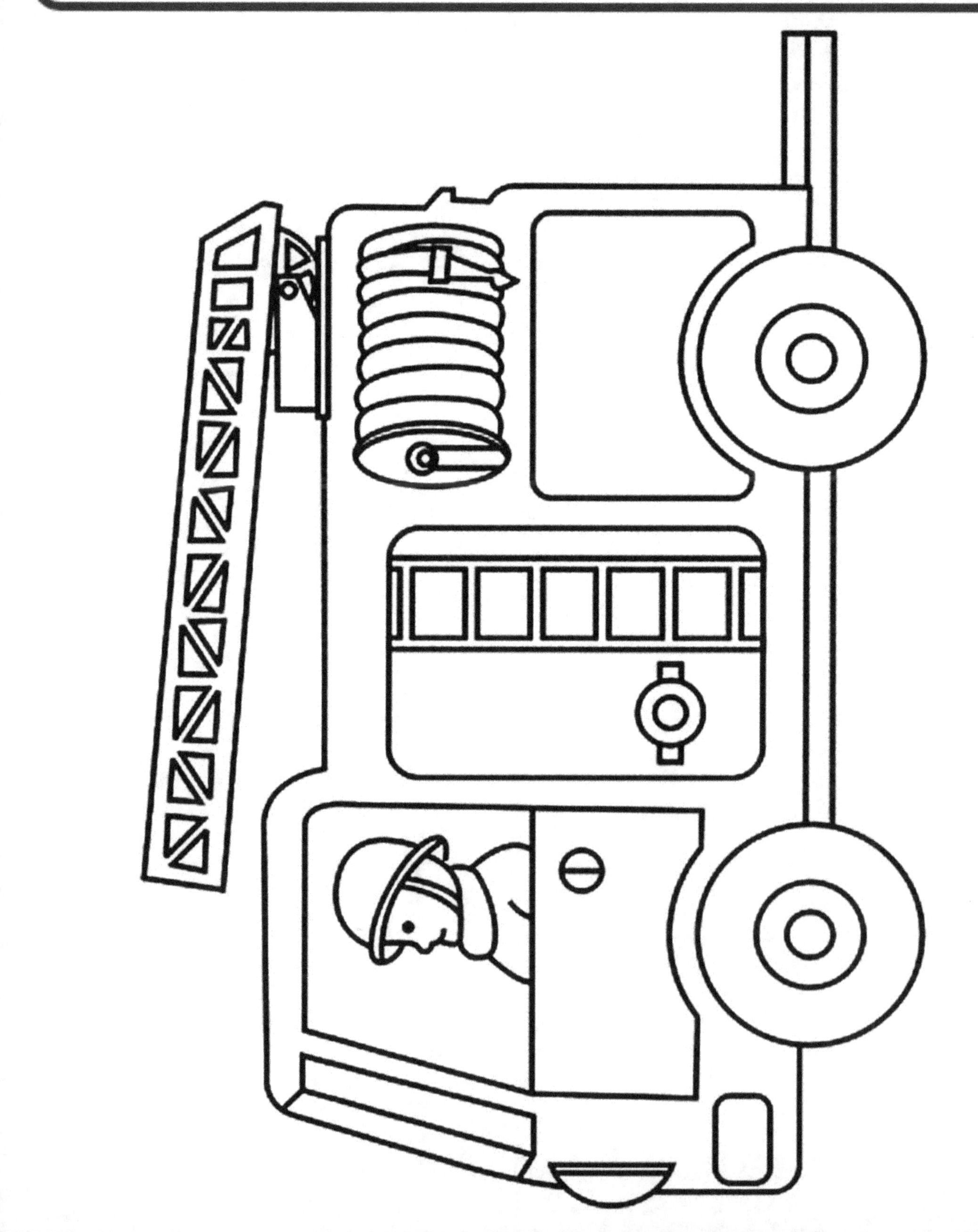

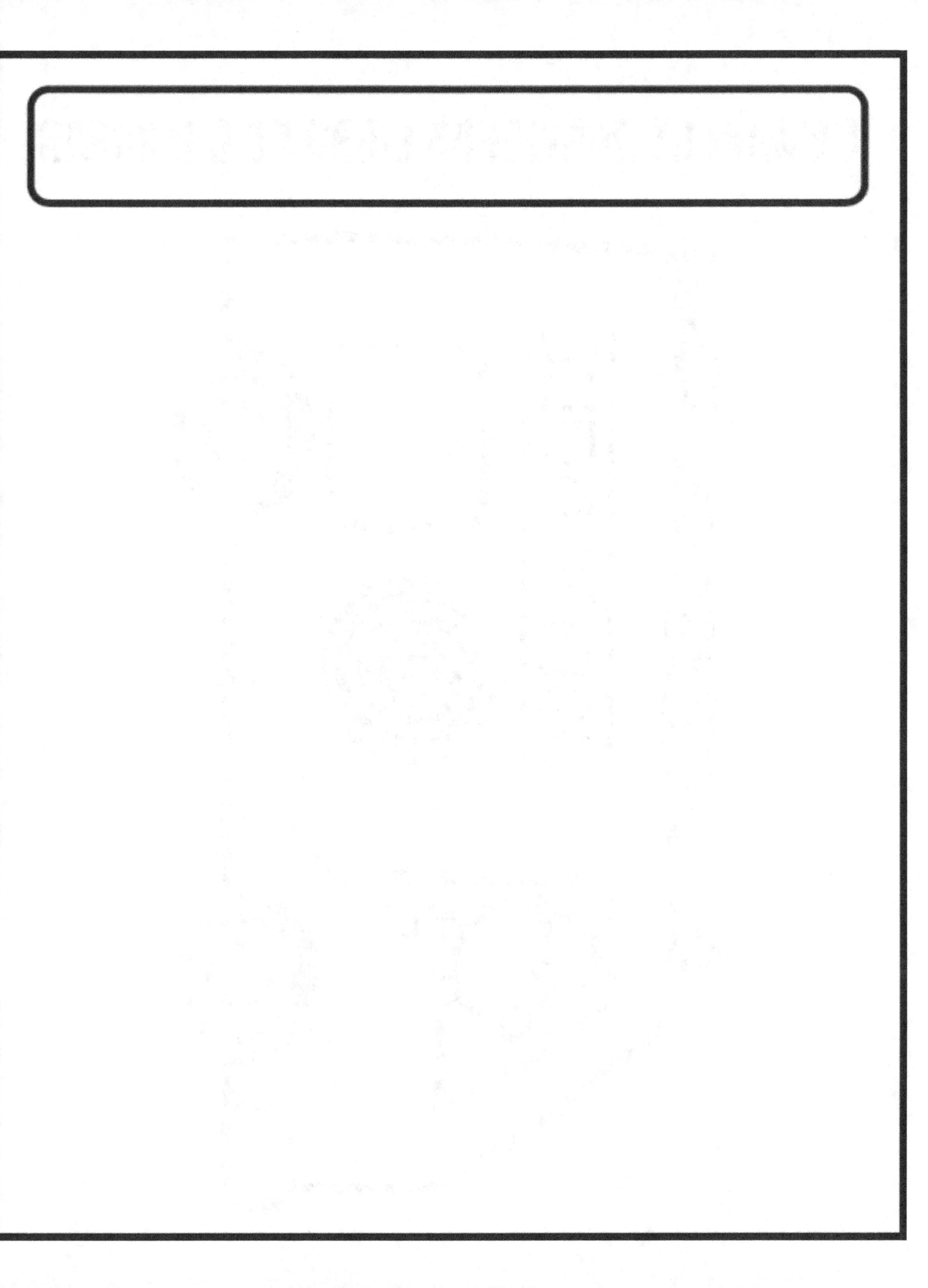

CAMIÓN DE BOMBEROS LIBRO DE COLOREAR

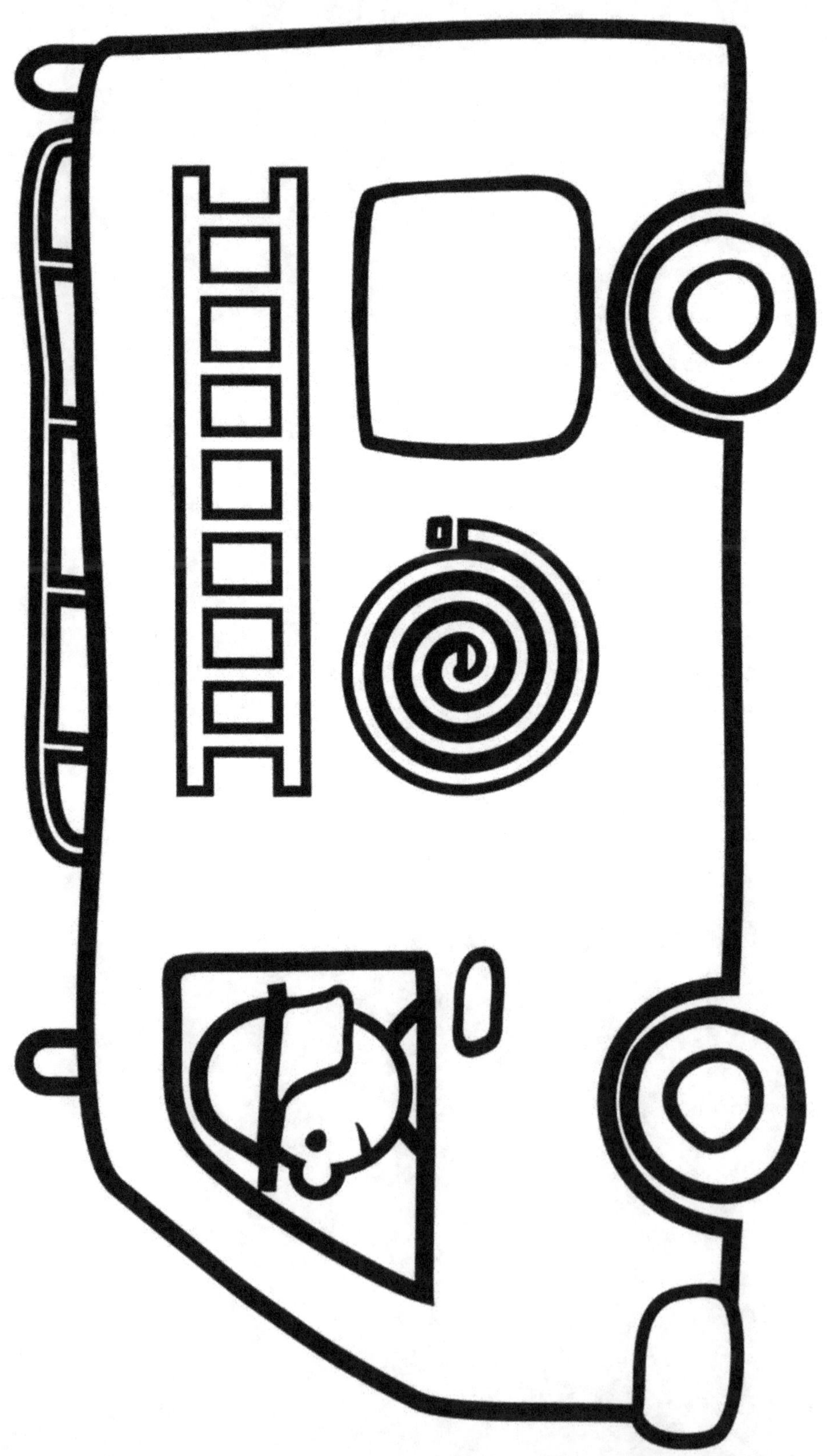

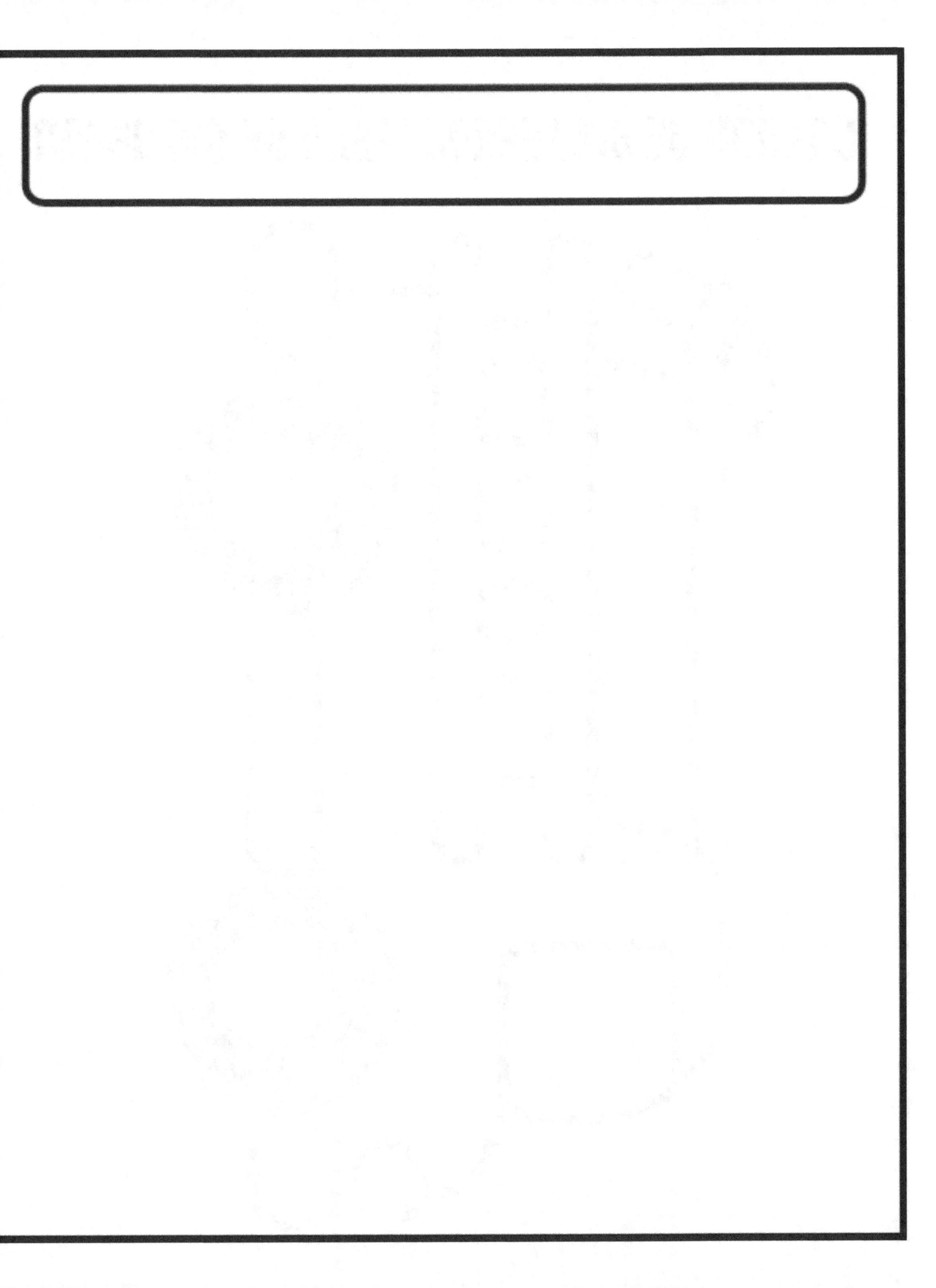

CAMIÓN DE BOMBEROS LIBRO DE COLOREAR

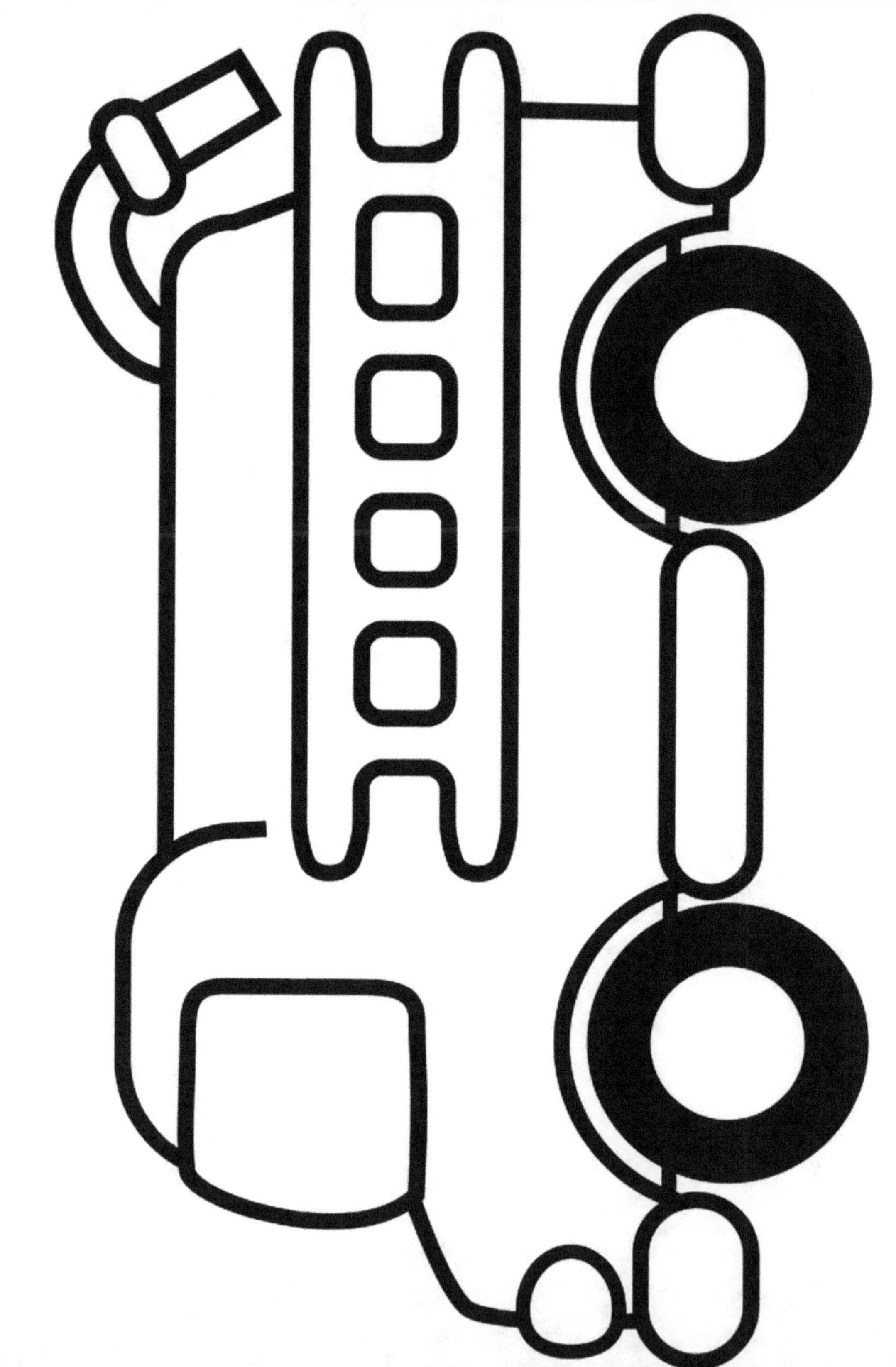

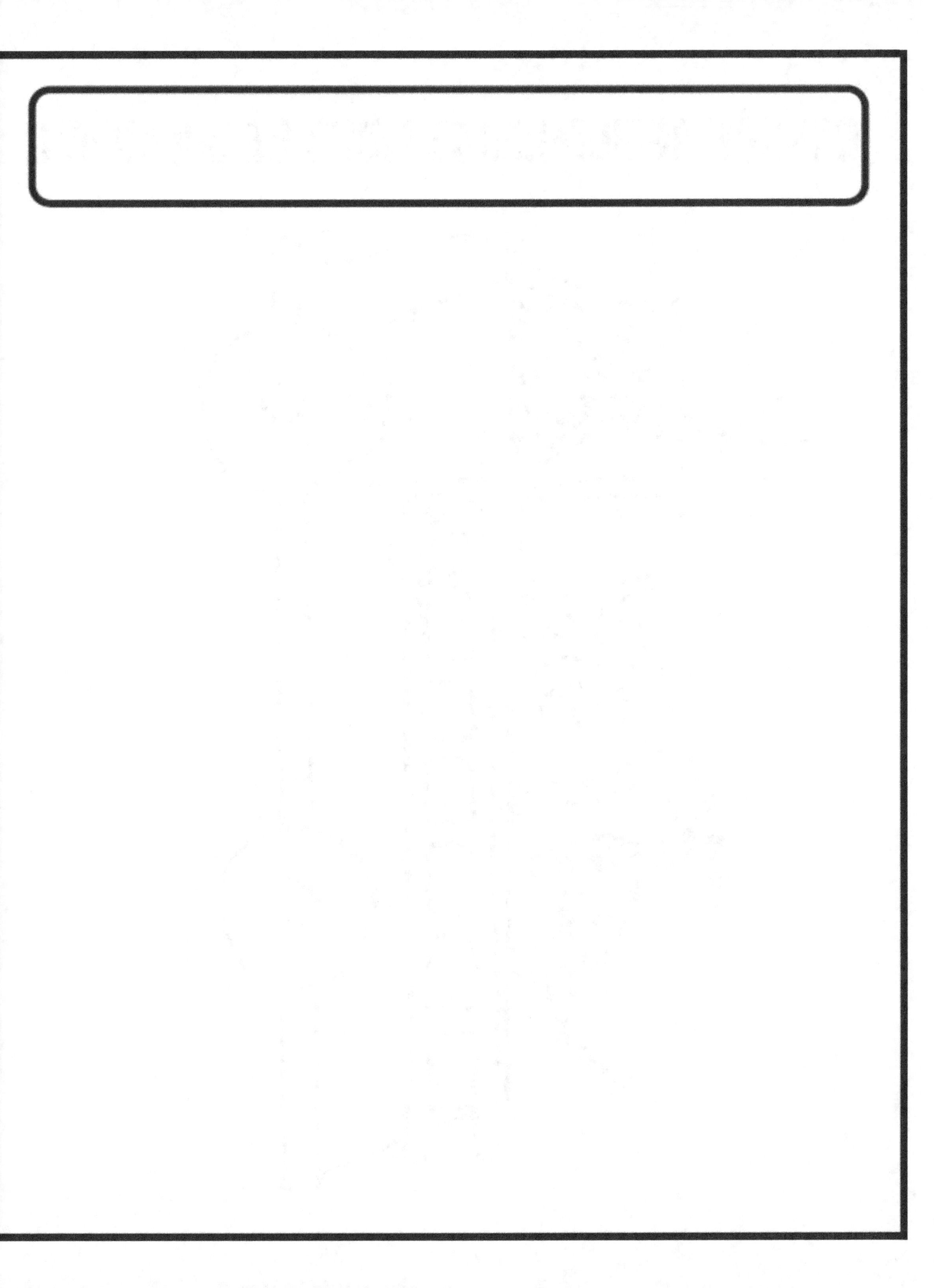

CAMIÓN DE BOMBEROS LIBRO DE COLOREAR

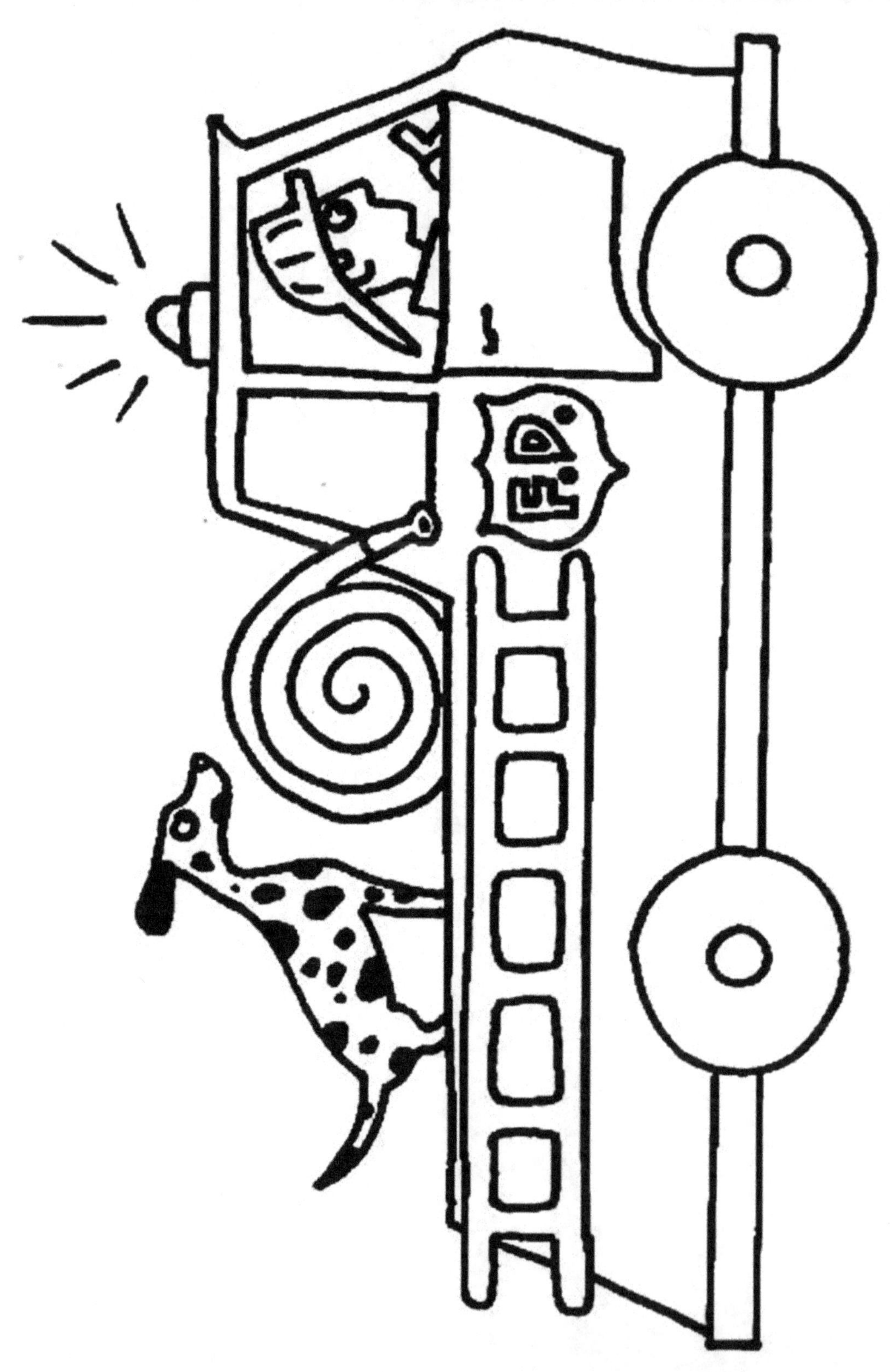

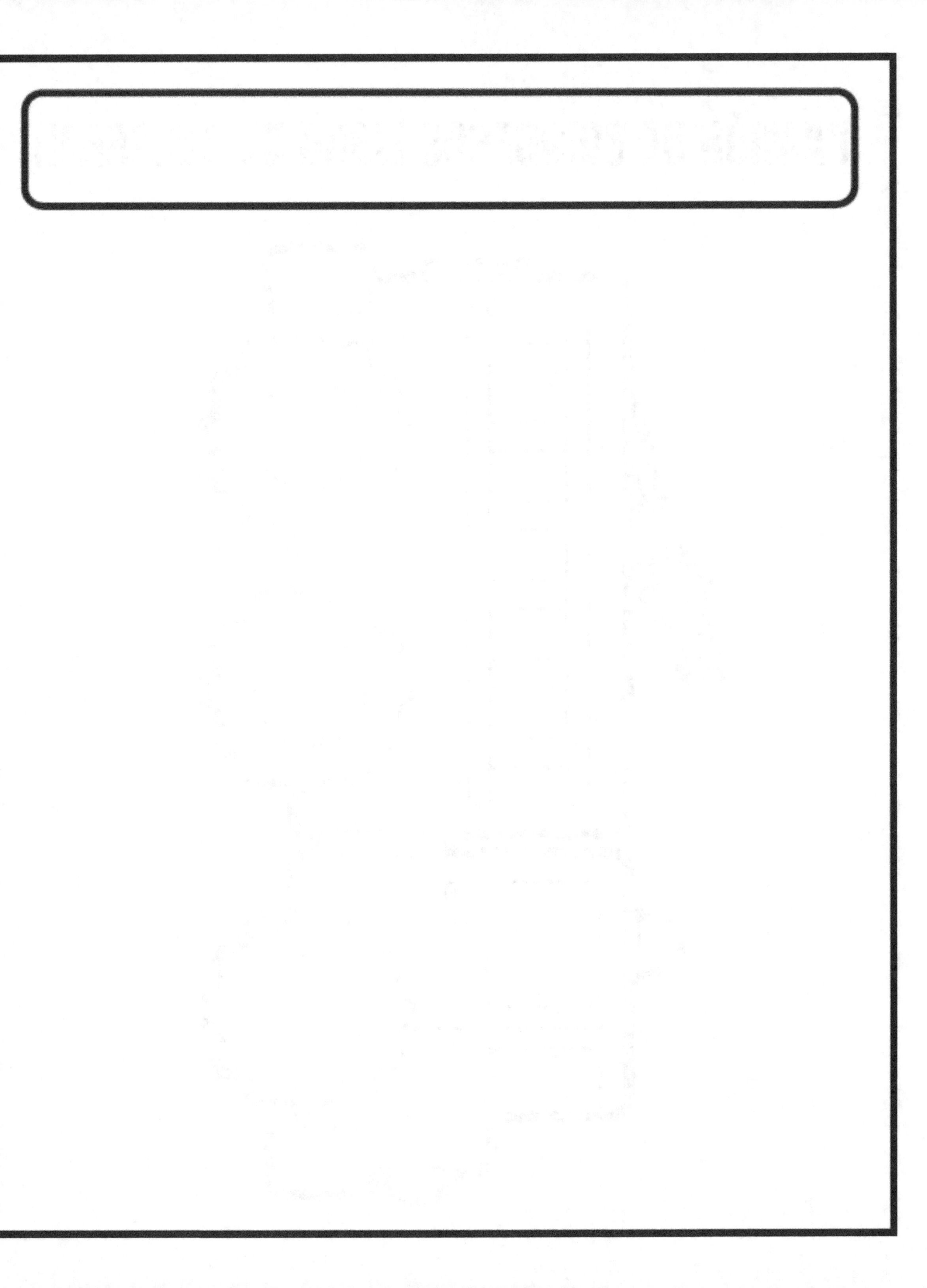

CAMIÓN DE BOMBEROS LIBRO DE COLOREAR

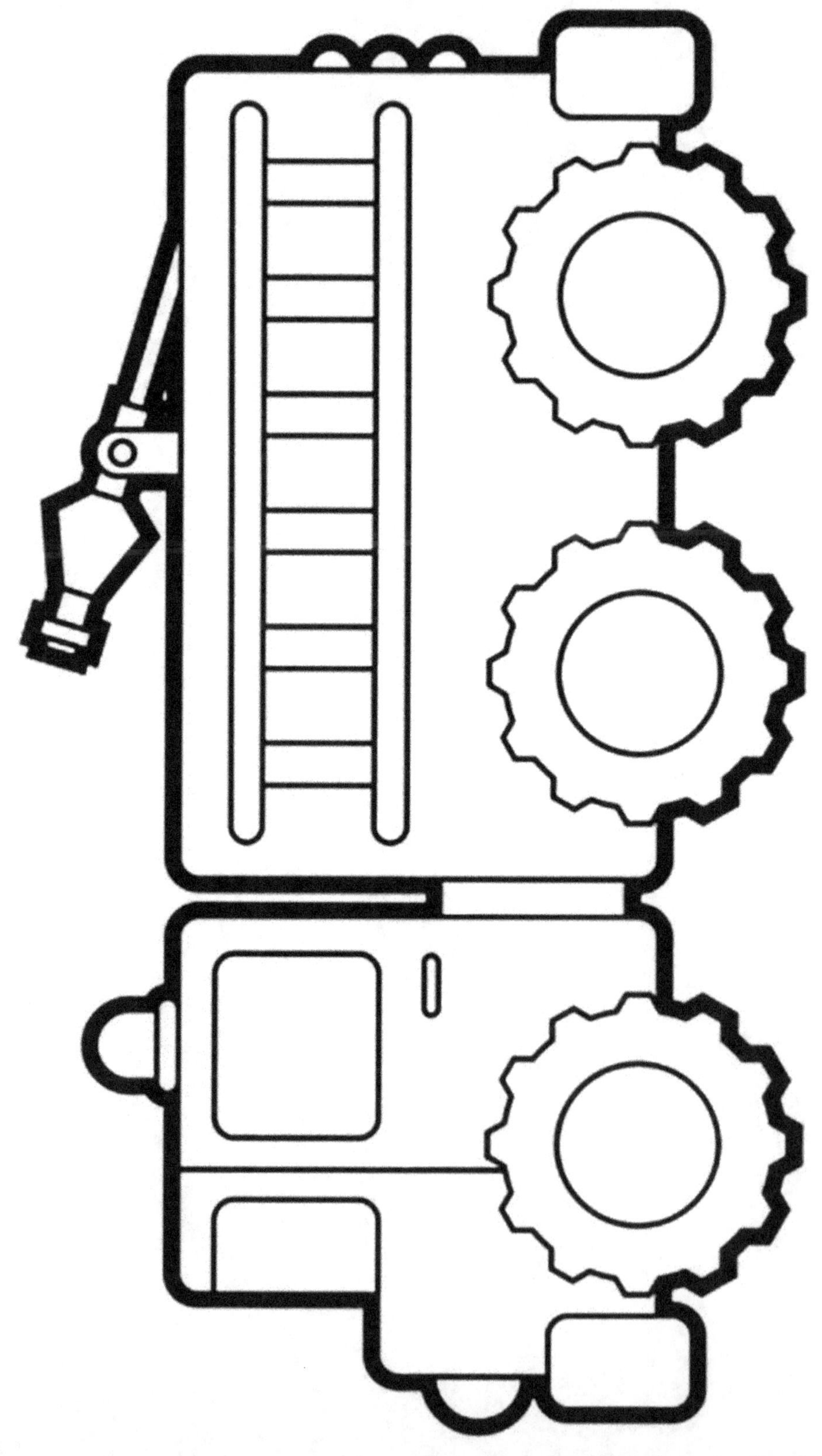

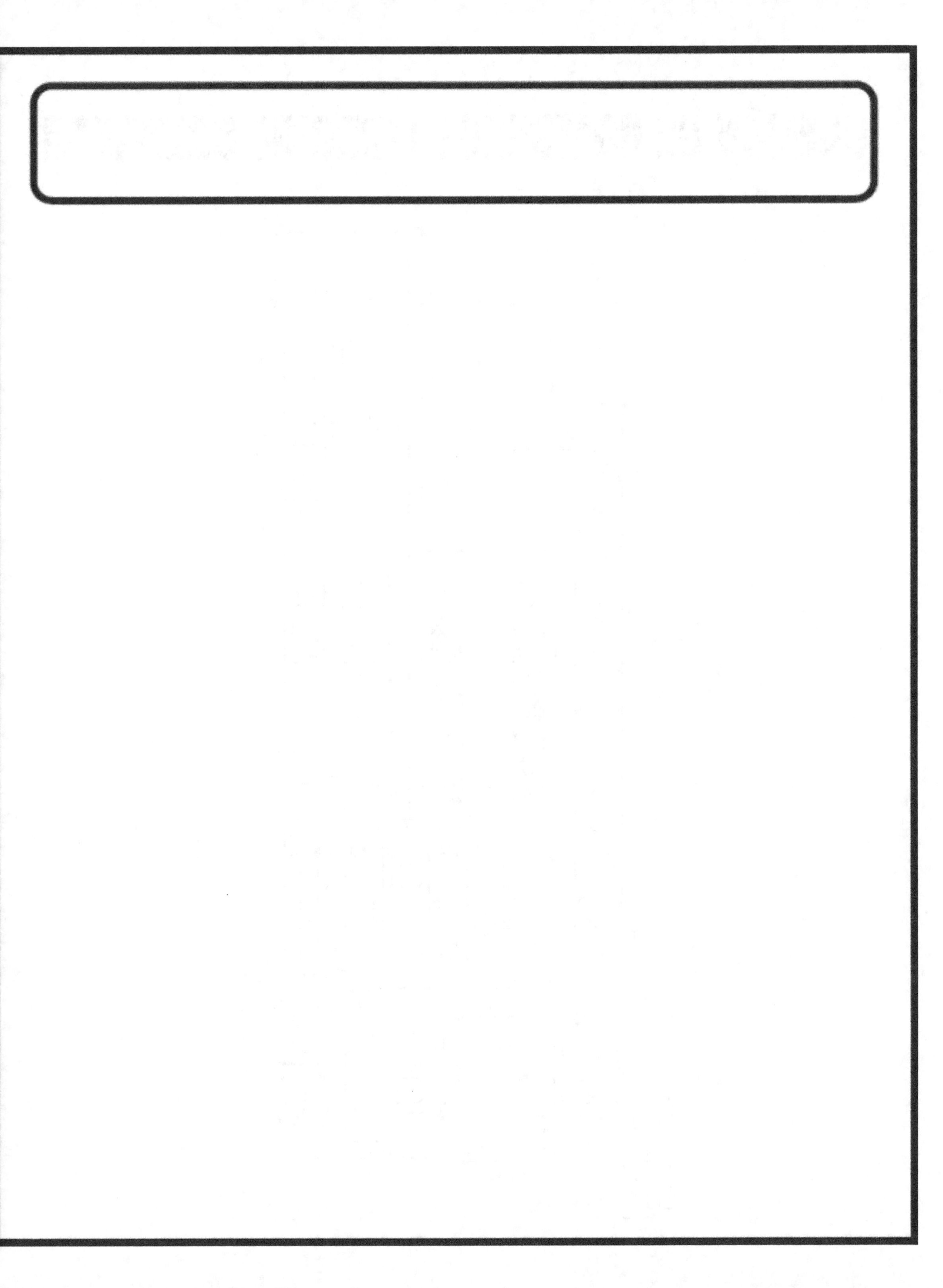

CAMIÓN DE BOMBEROS LIBRO DE COLOREAR

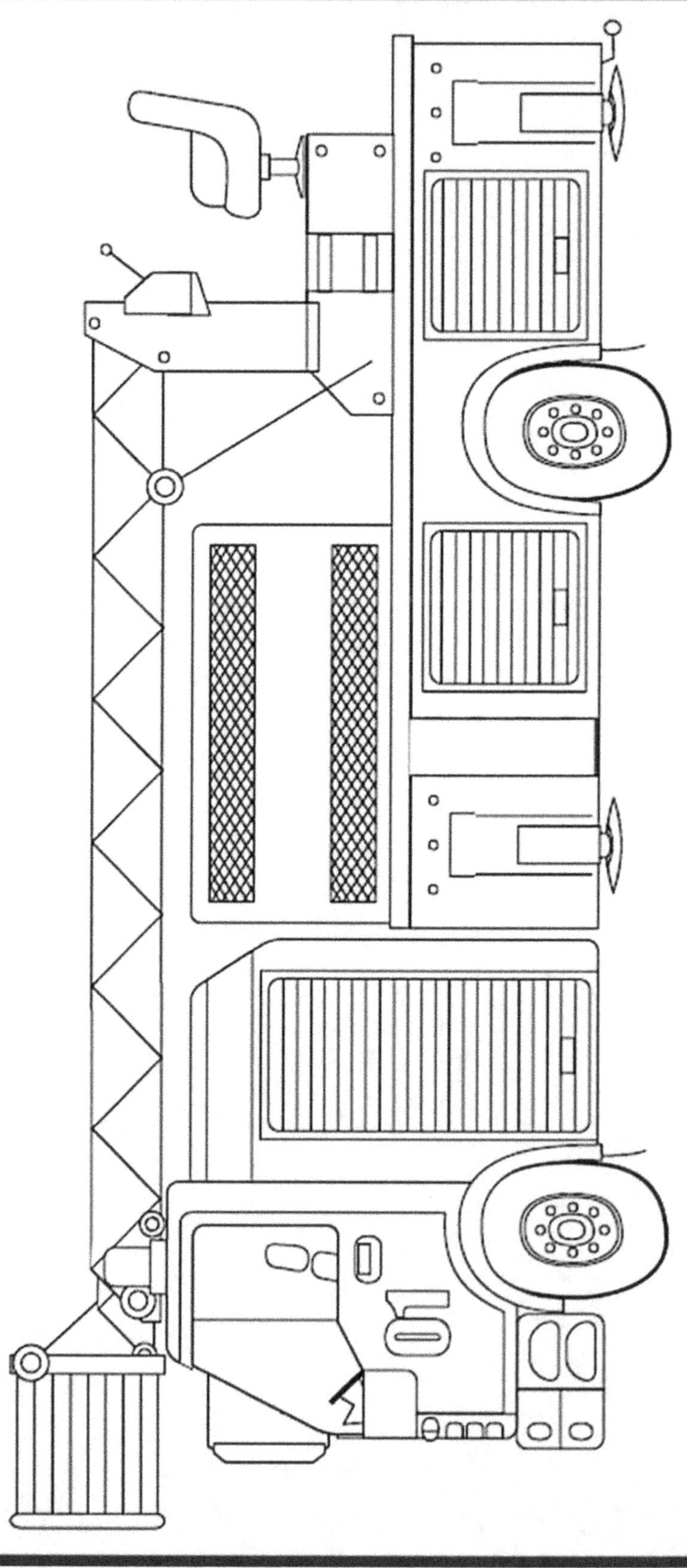

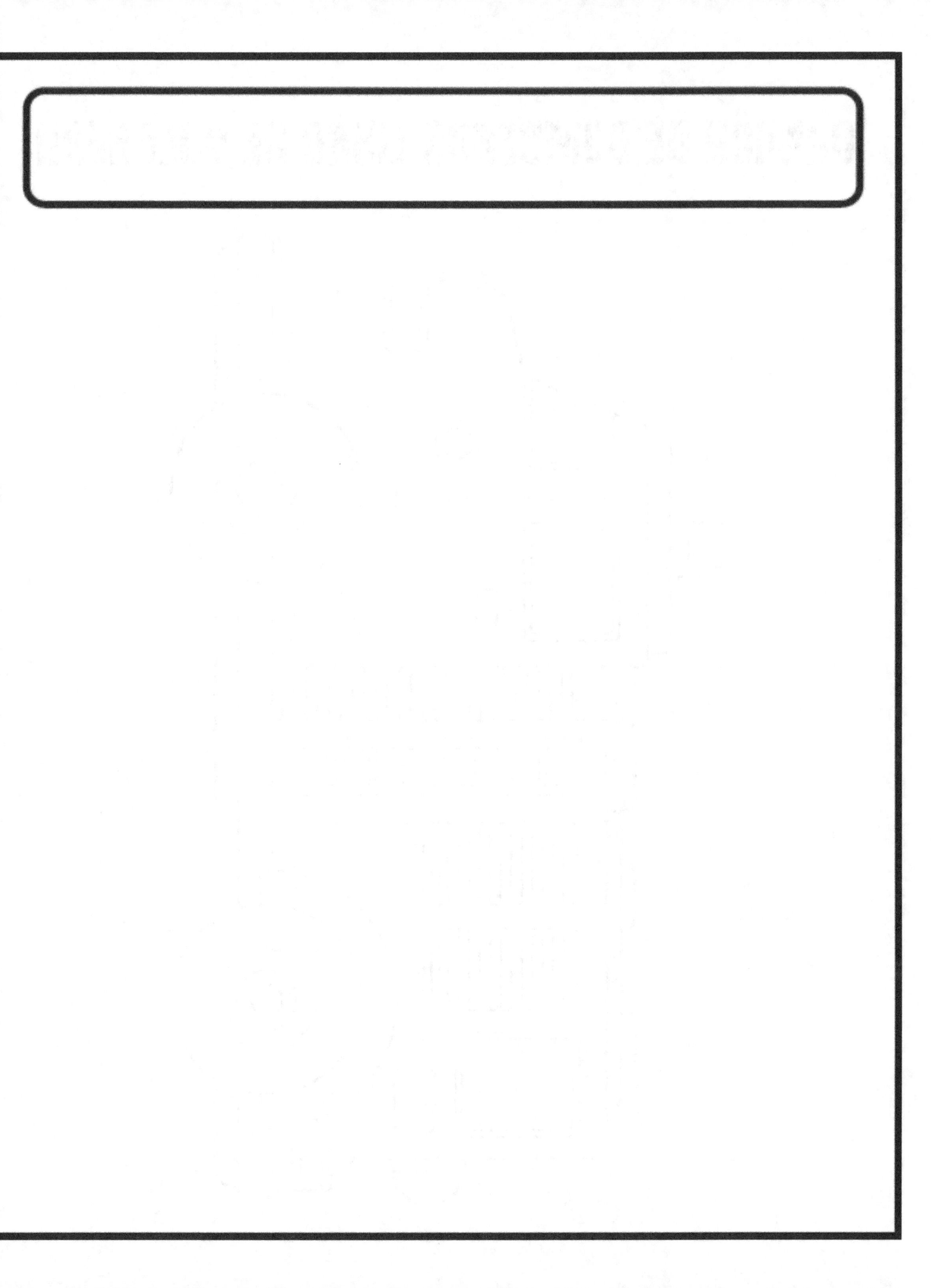

CAMIÓN DE BOMBEROS LIBRO DE COLOREAR

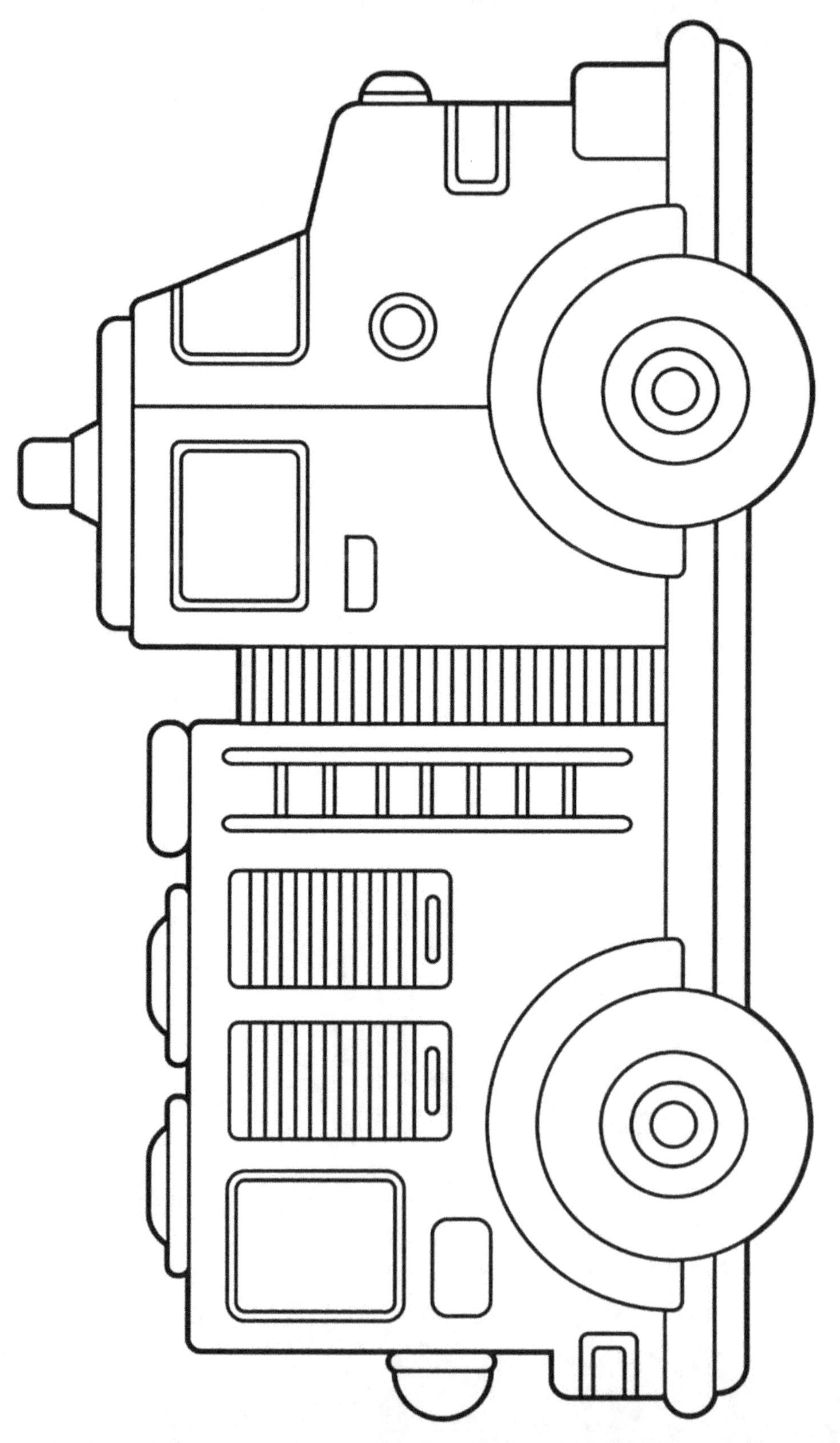

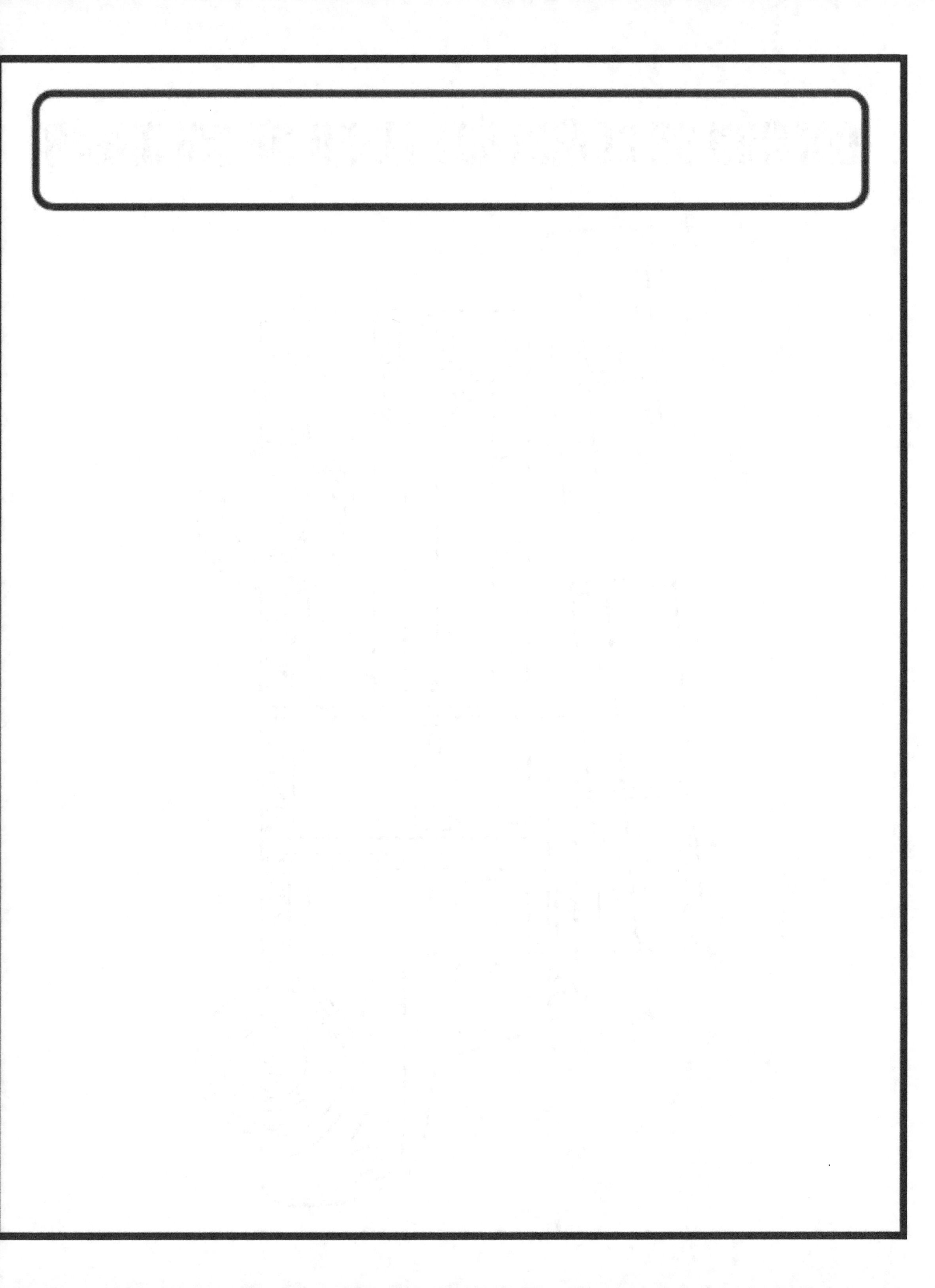

CAMIÓN DE BOMBEROS LIBRO DE COLOREAR

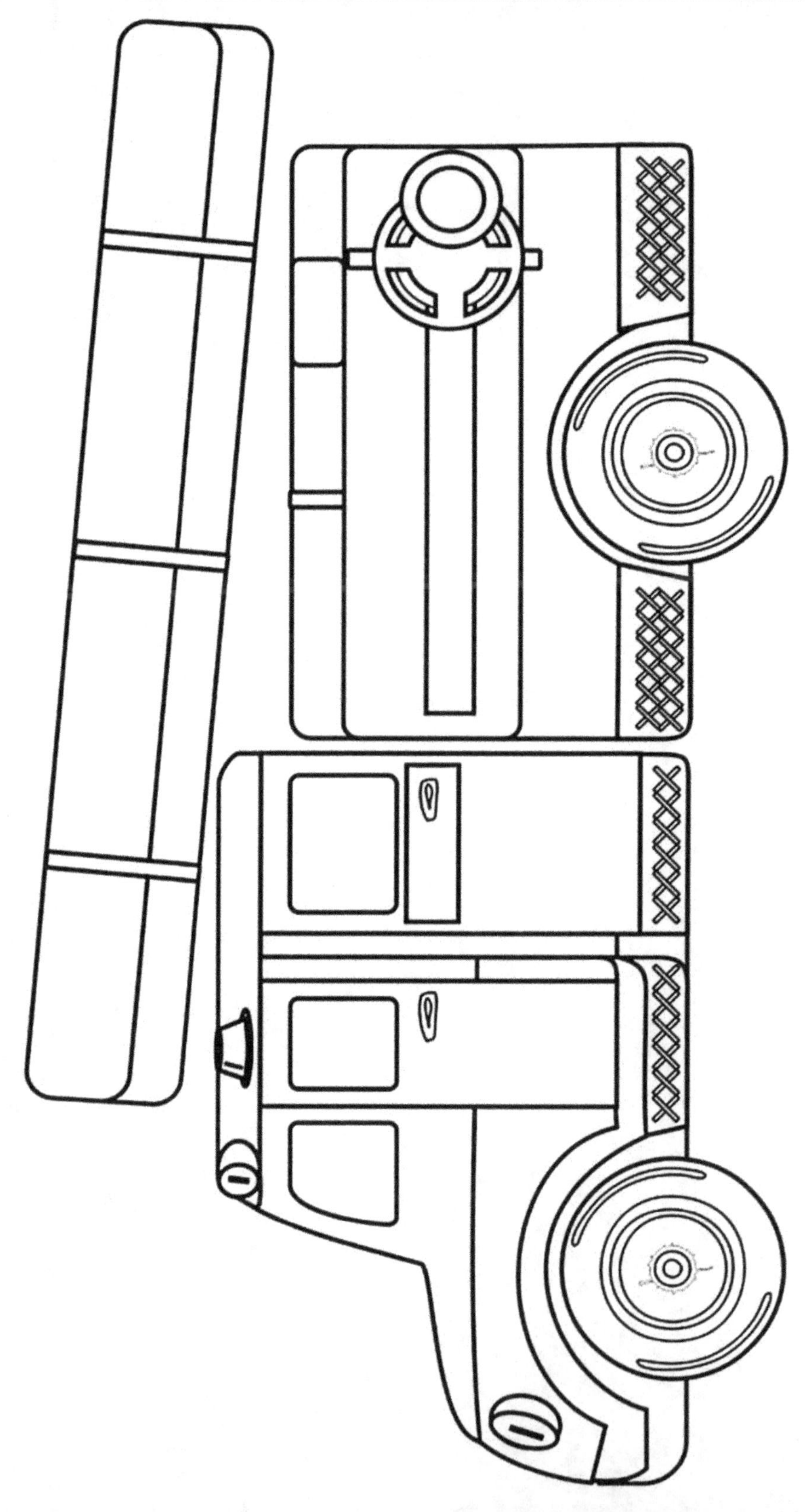

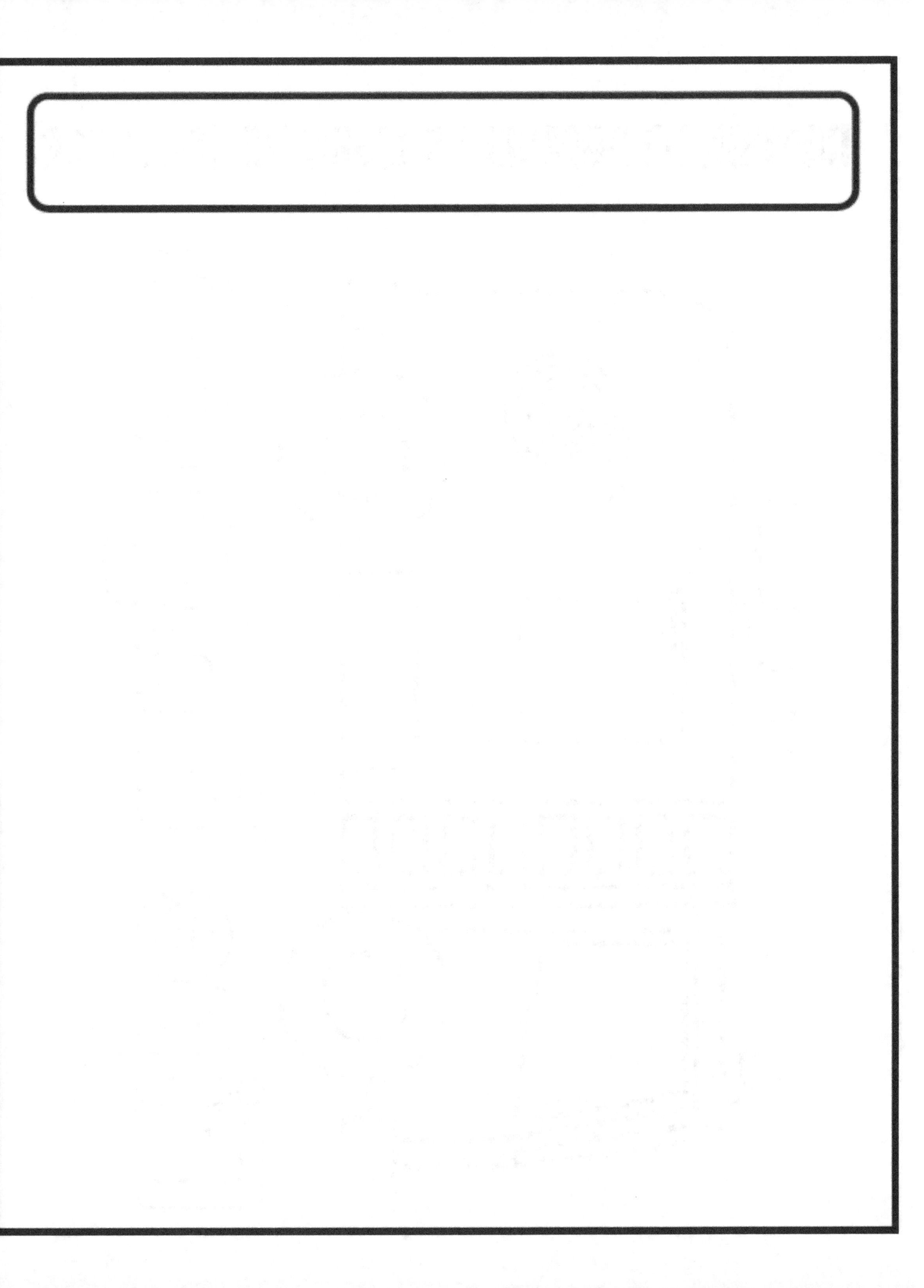

CAMIÓN DE BOMBEROS LIBRO DE COLOREAR

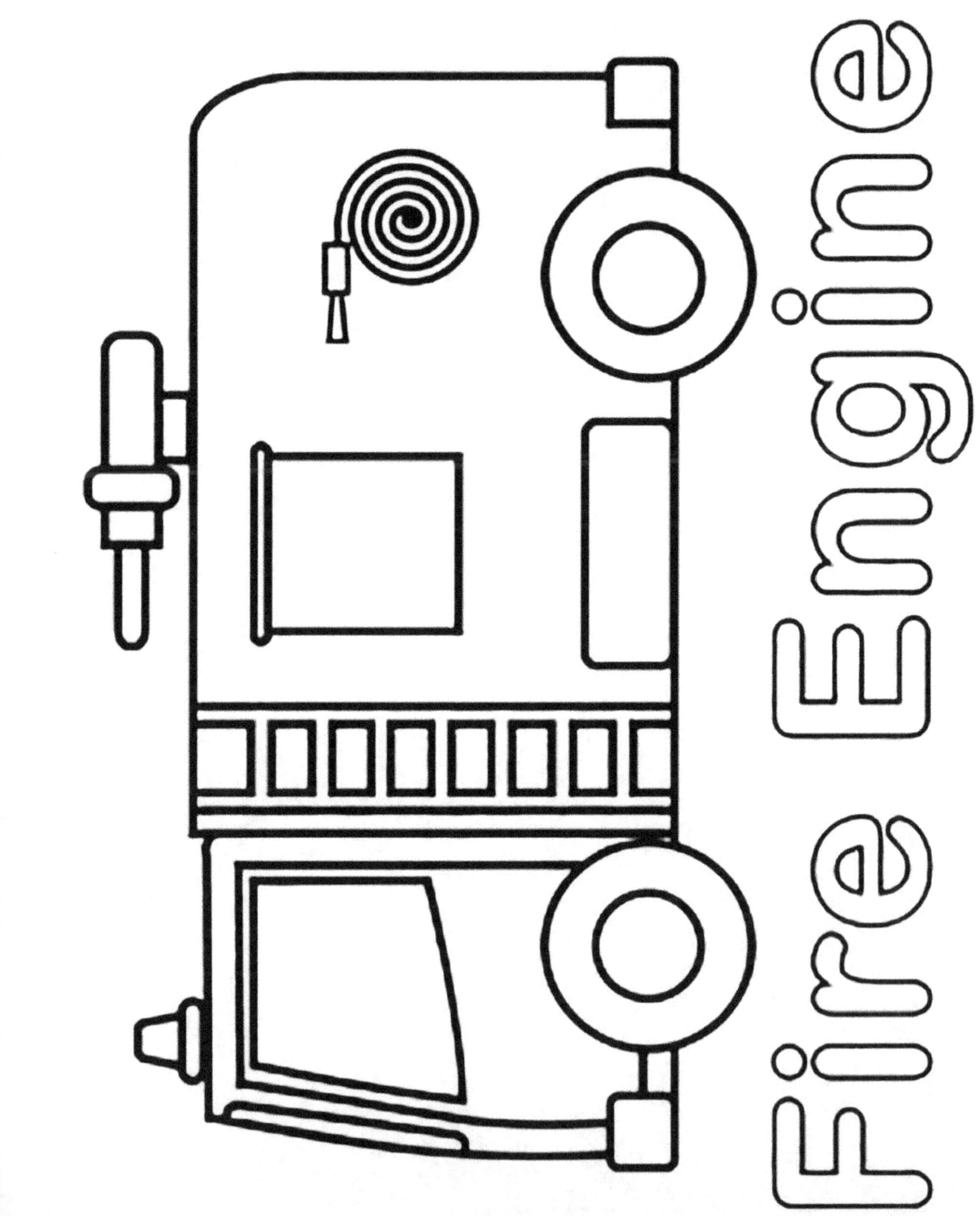

Fire Engine

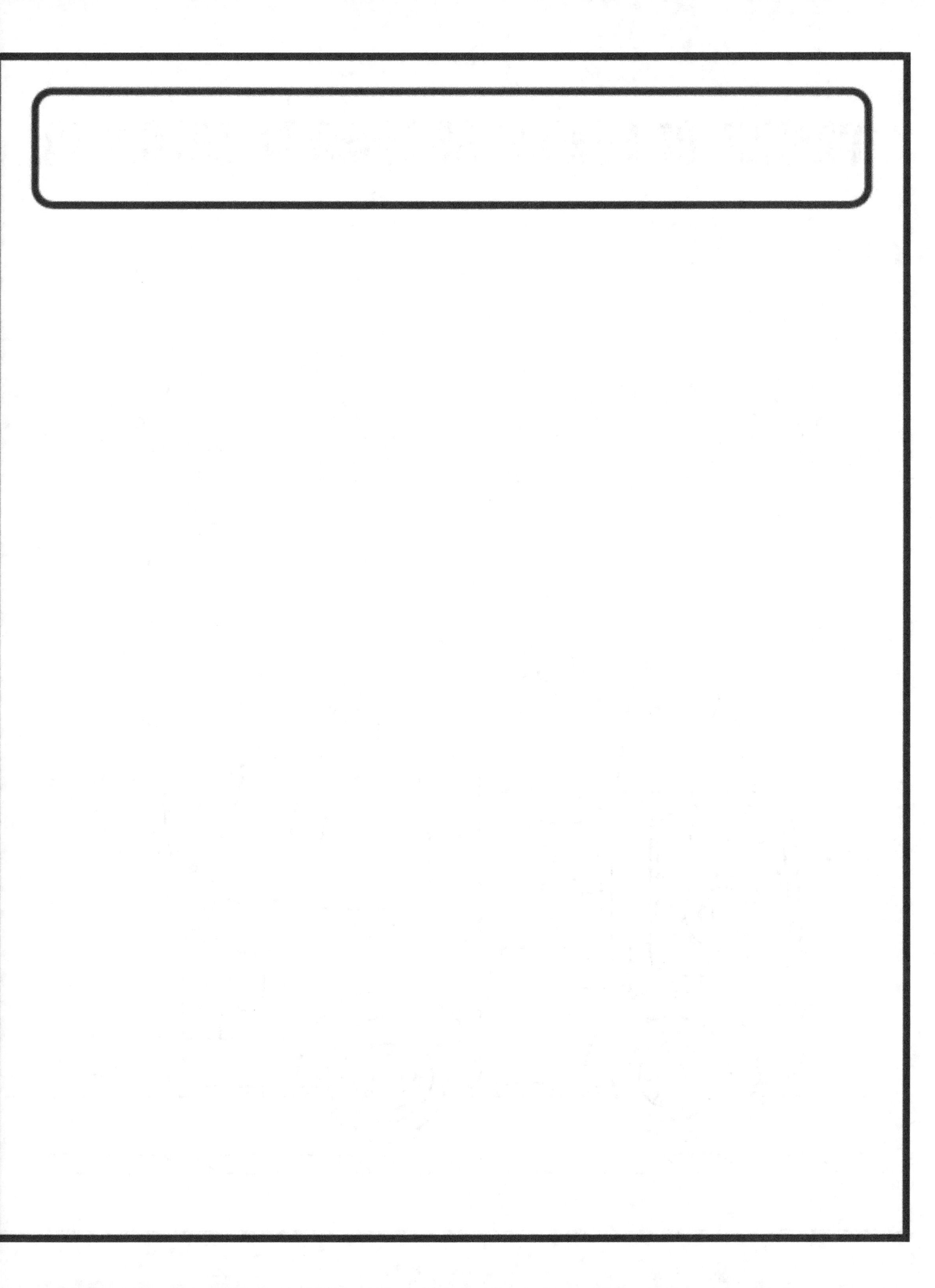

CAMIÓN DE BOMBEROS LIBRO DE COLOREAR

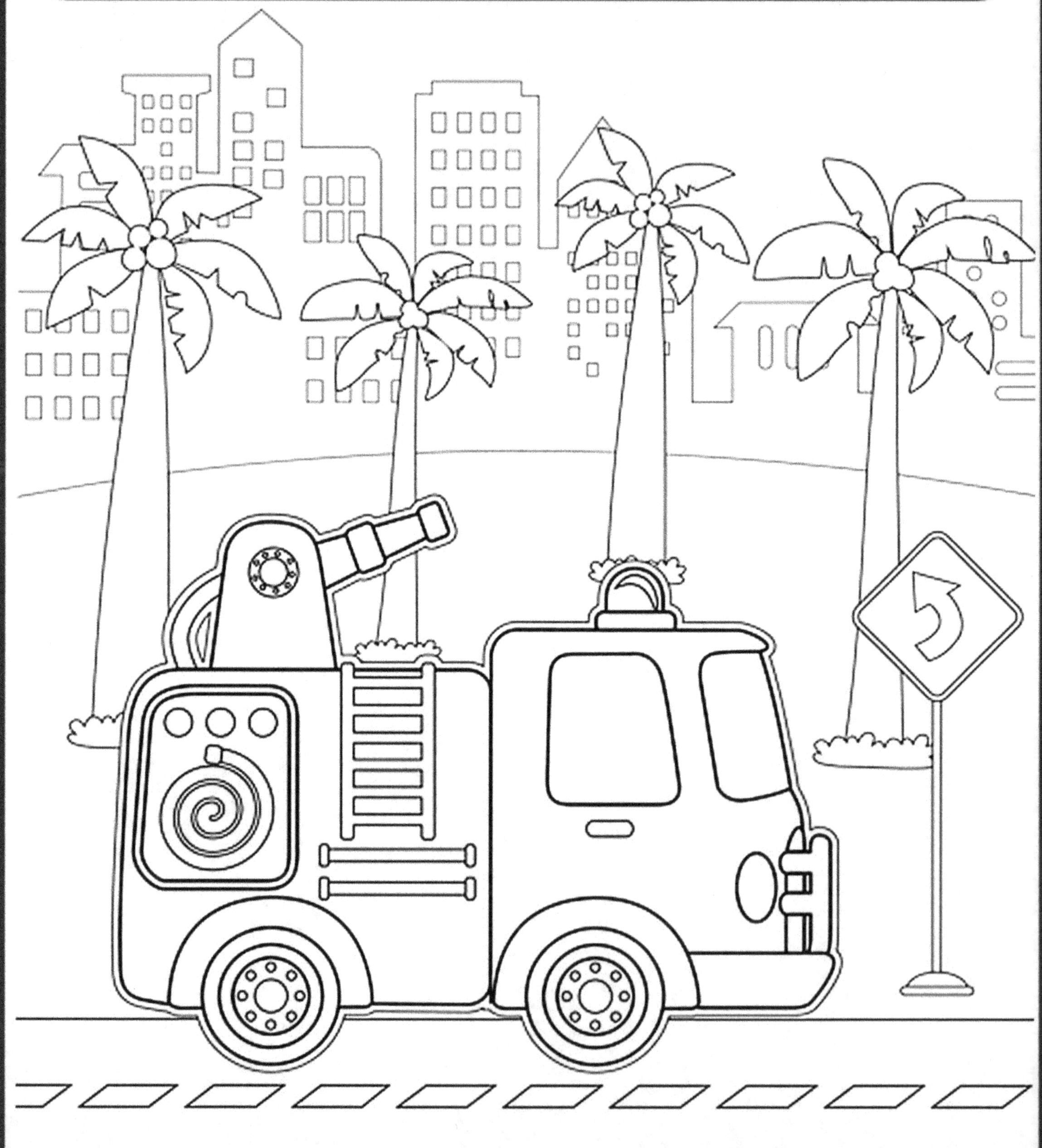

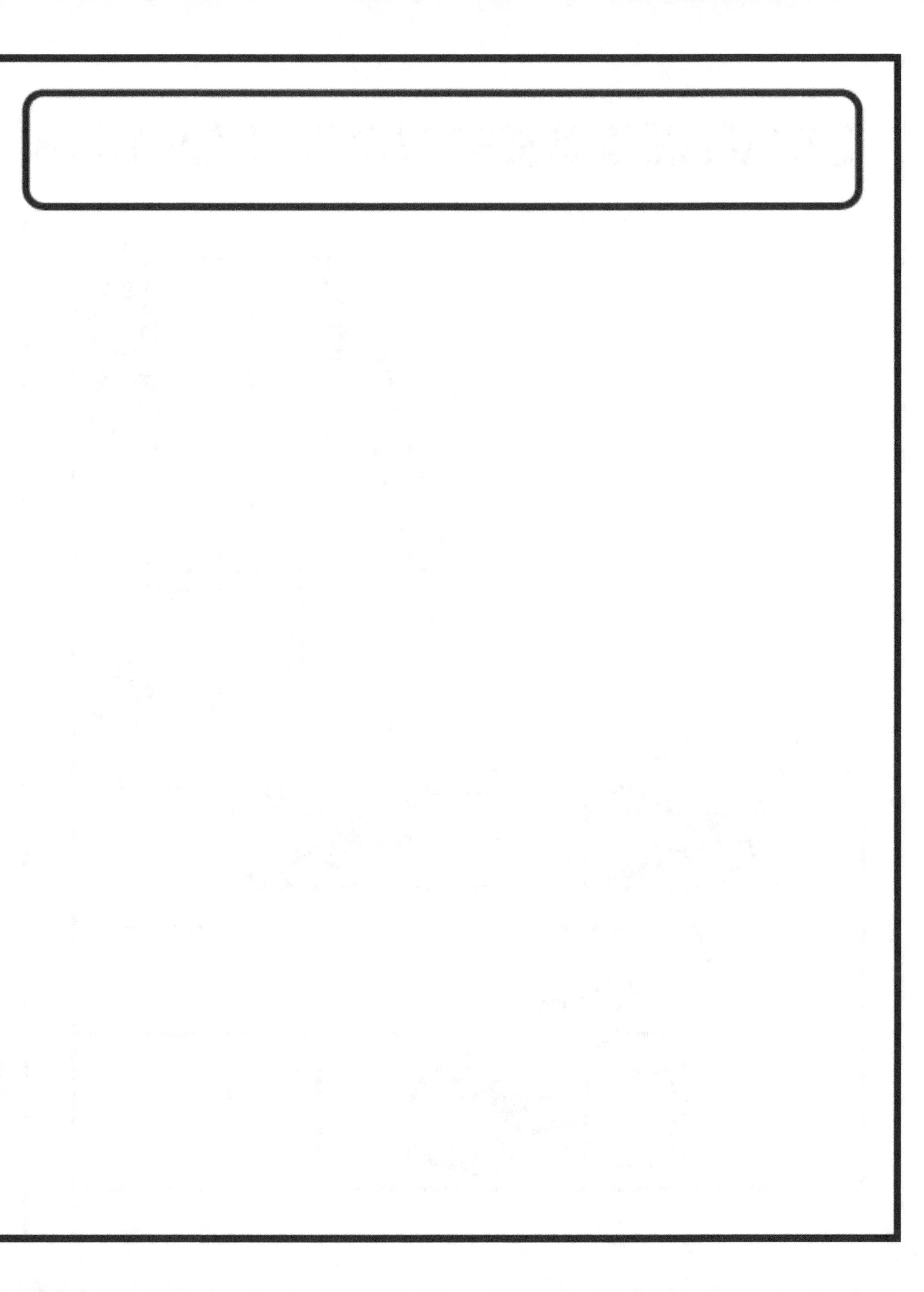

CAMIÓN DE BOMBEROS LIBRO DE COLOREAR

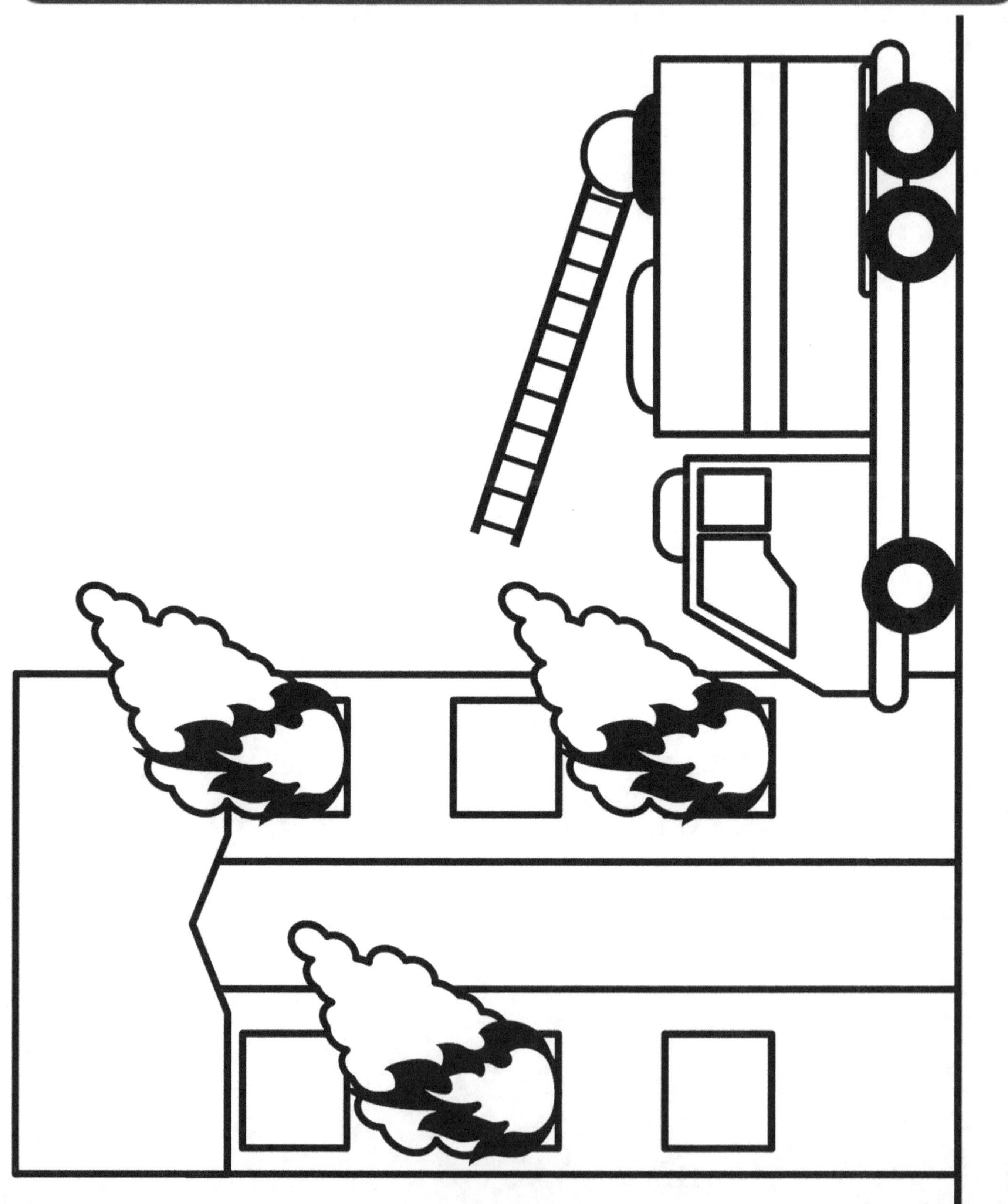

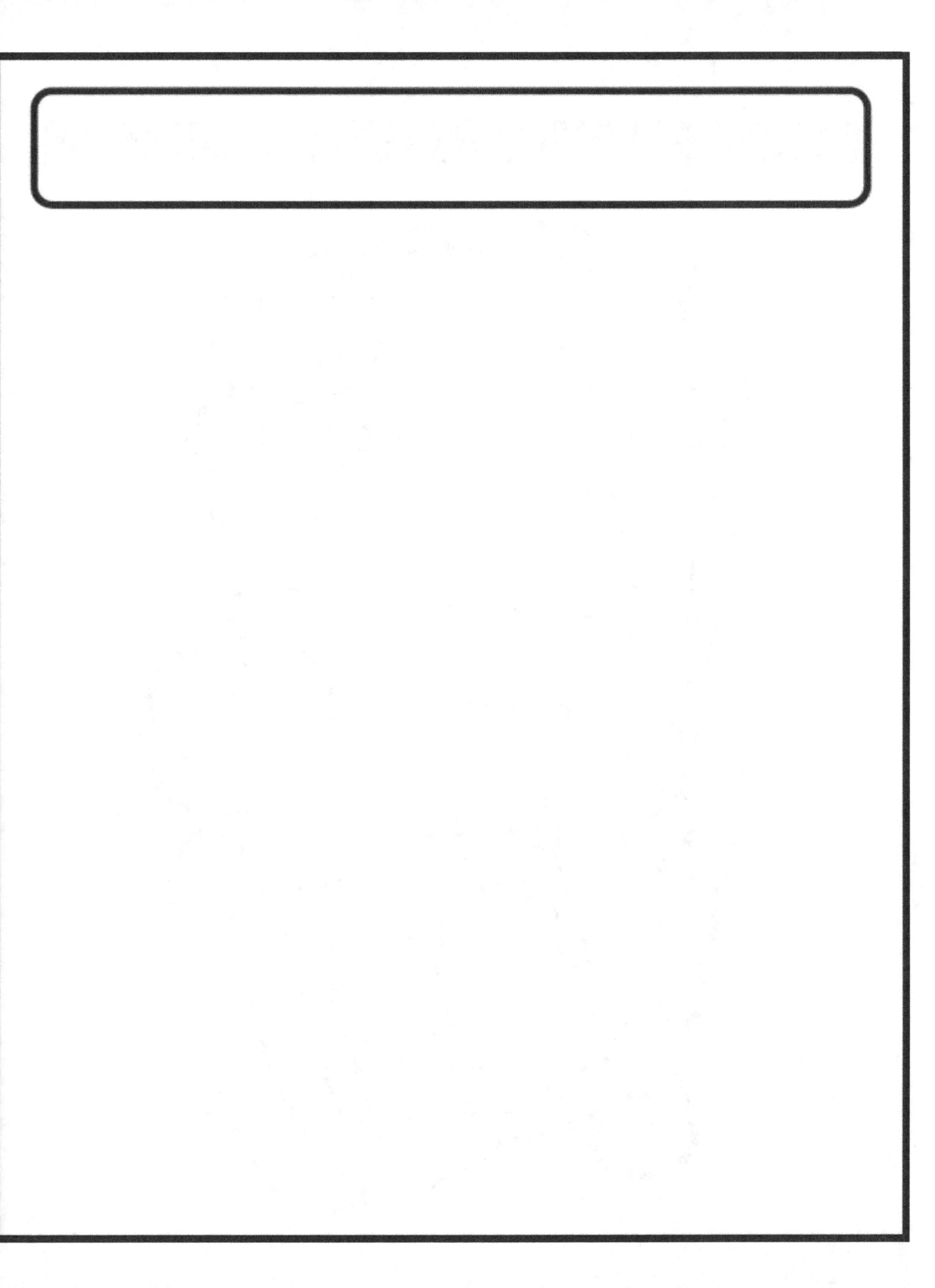

CAMIÓN DE BOMBEROS LIBRO DE COLOREAR

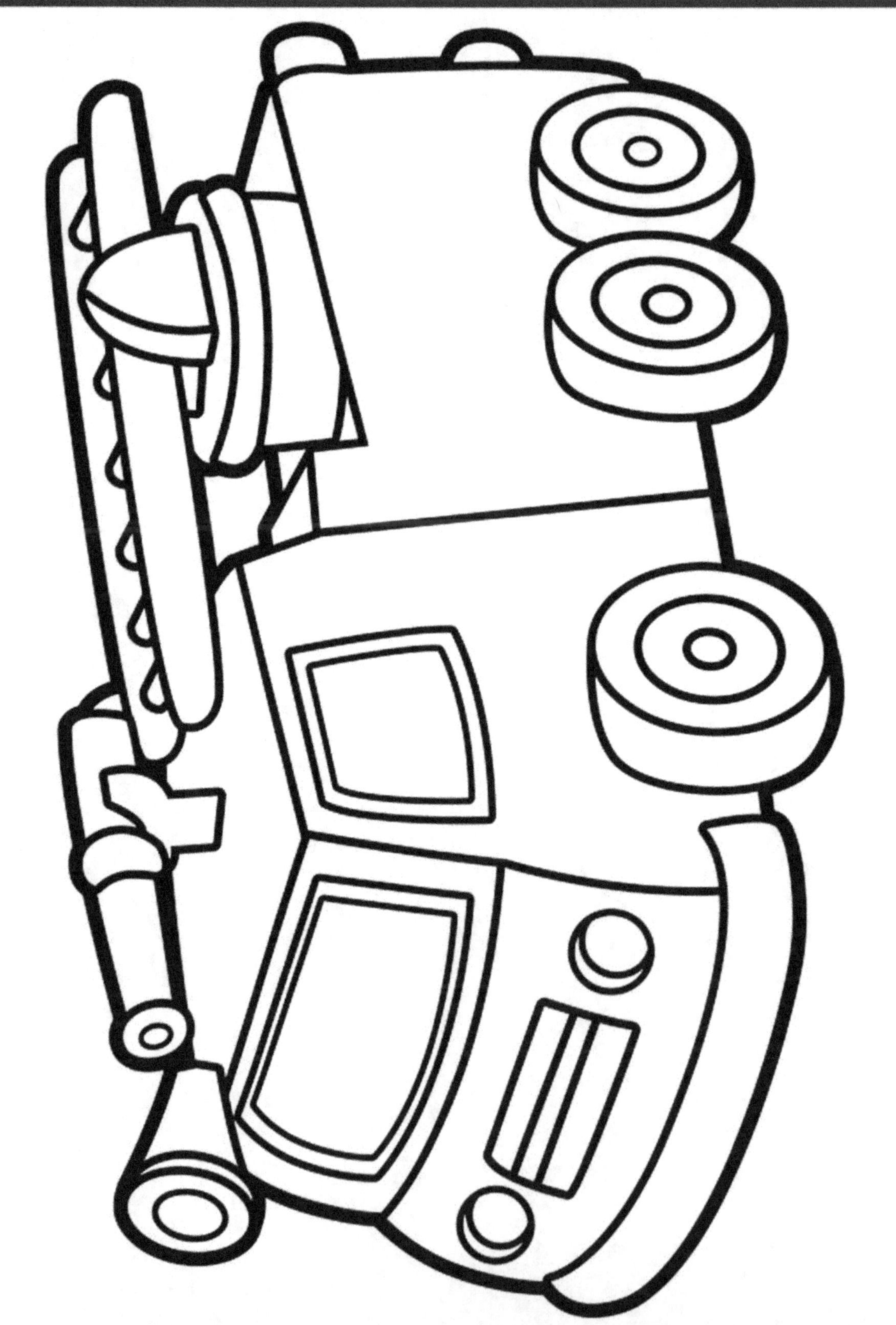

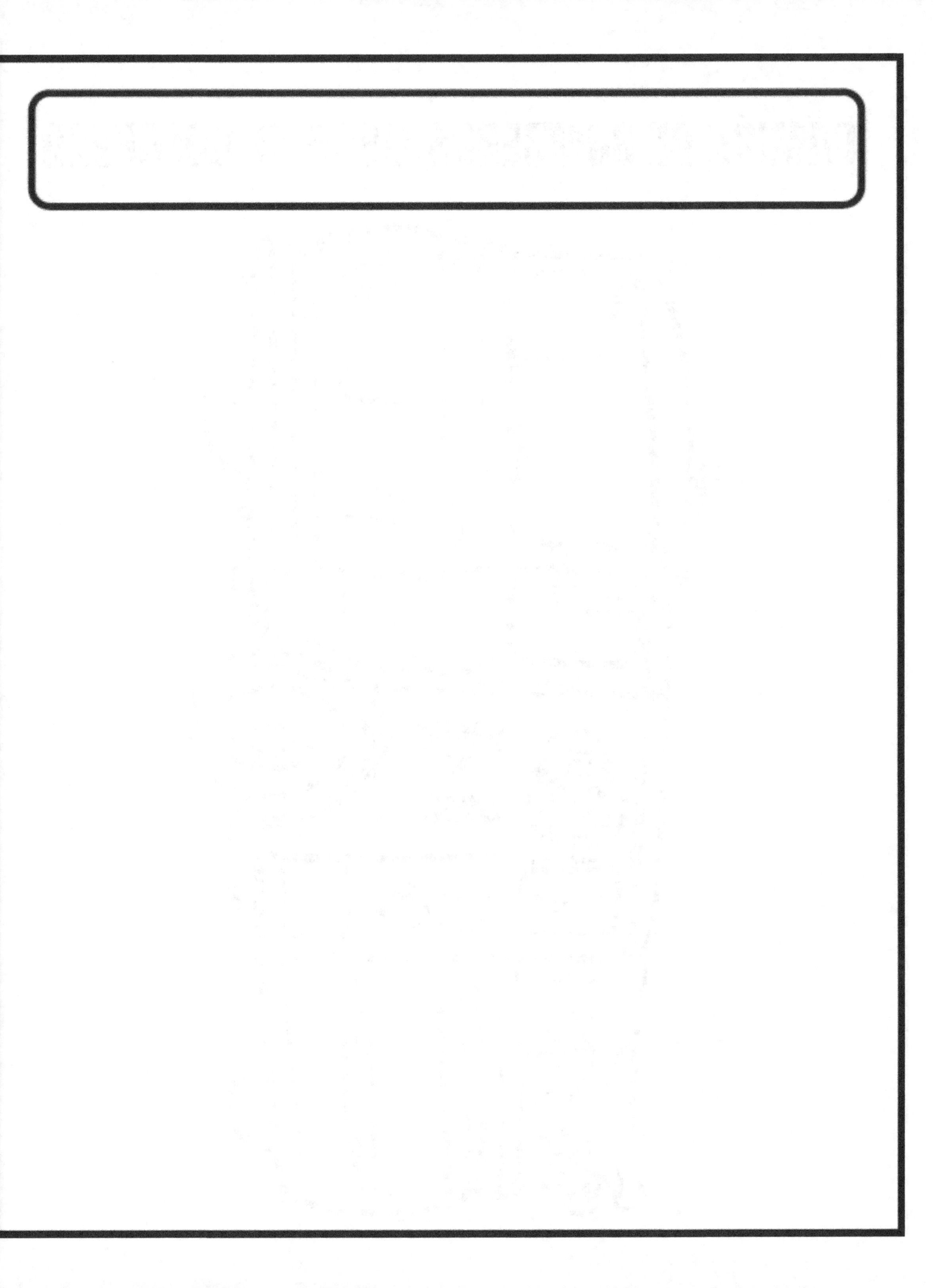

CAMIÓN DE BOMBEROS LIBRO DE COLOREAR

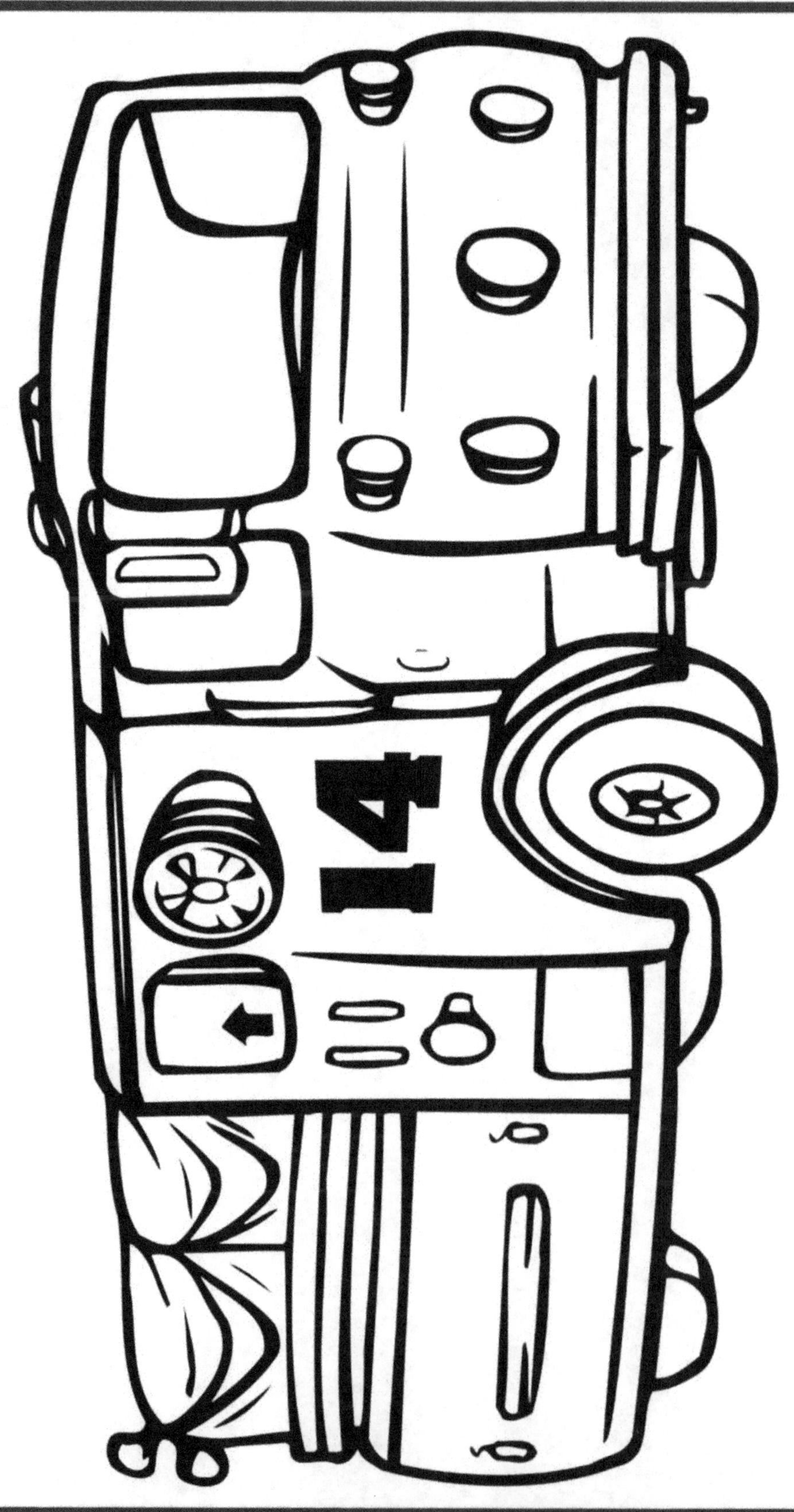

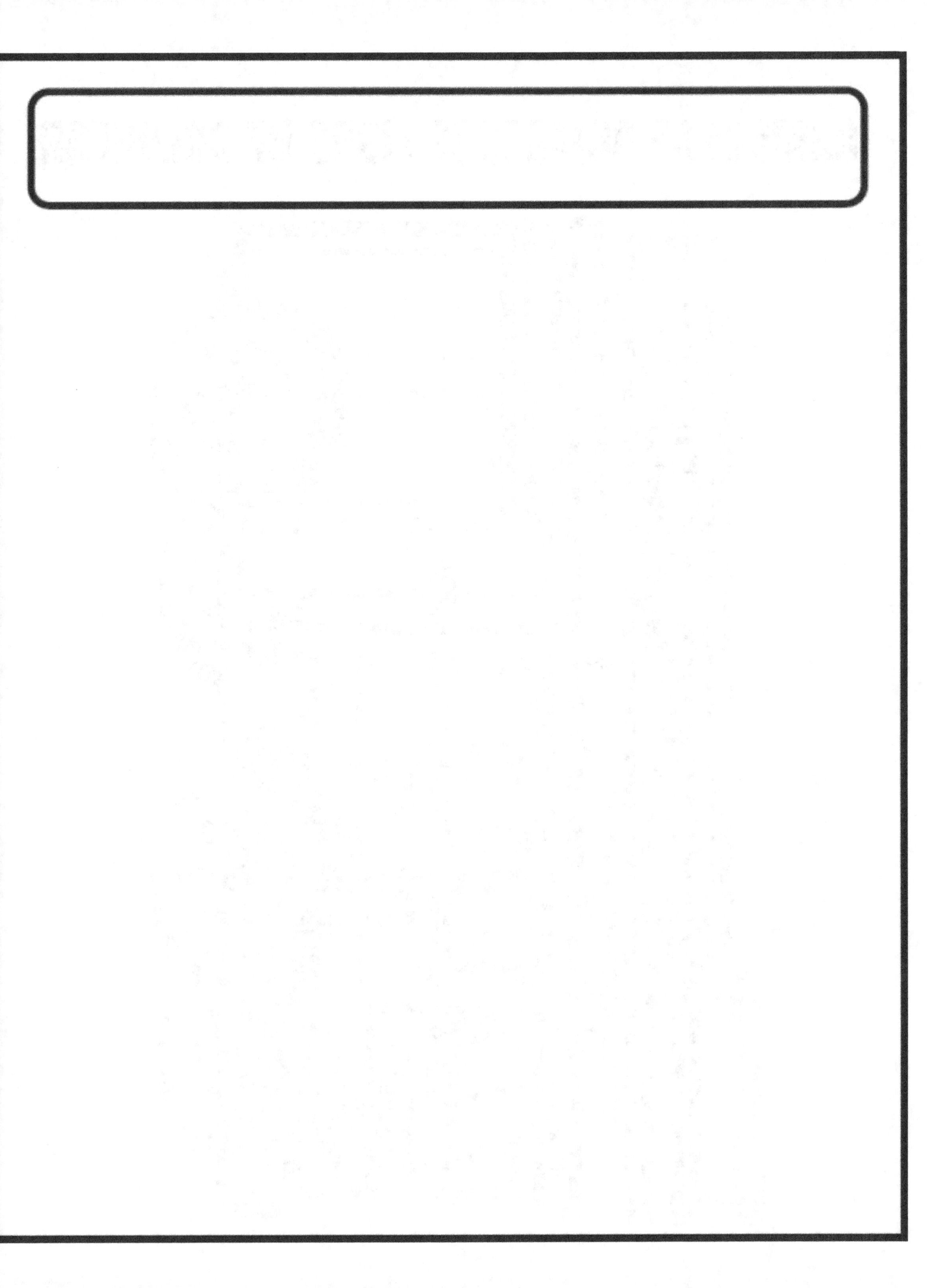

CAMIÓN DE BOMBEROS LIBRO DE COLOREAR

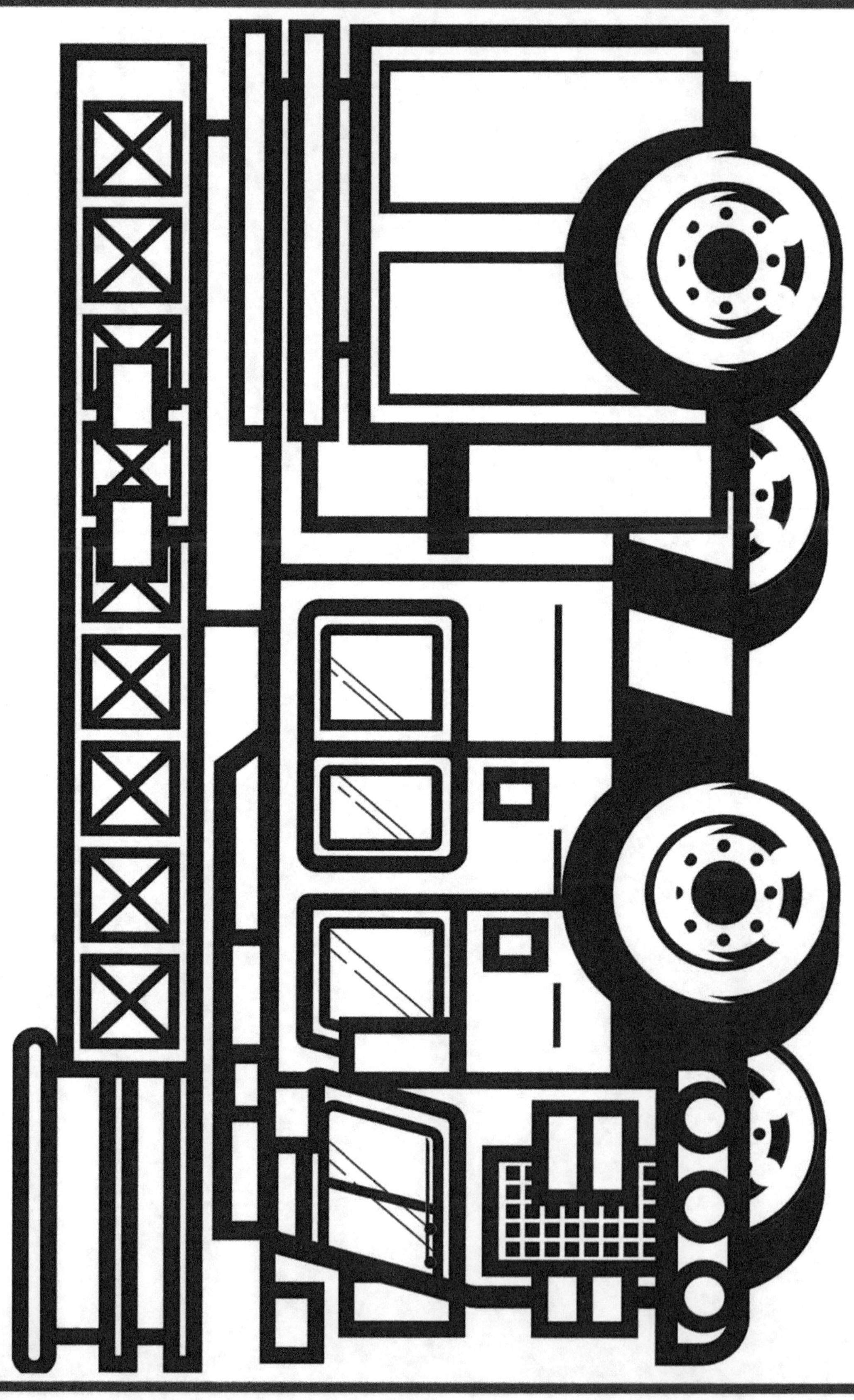

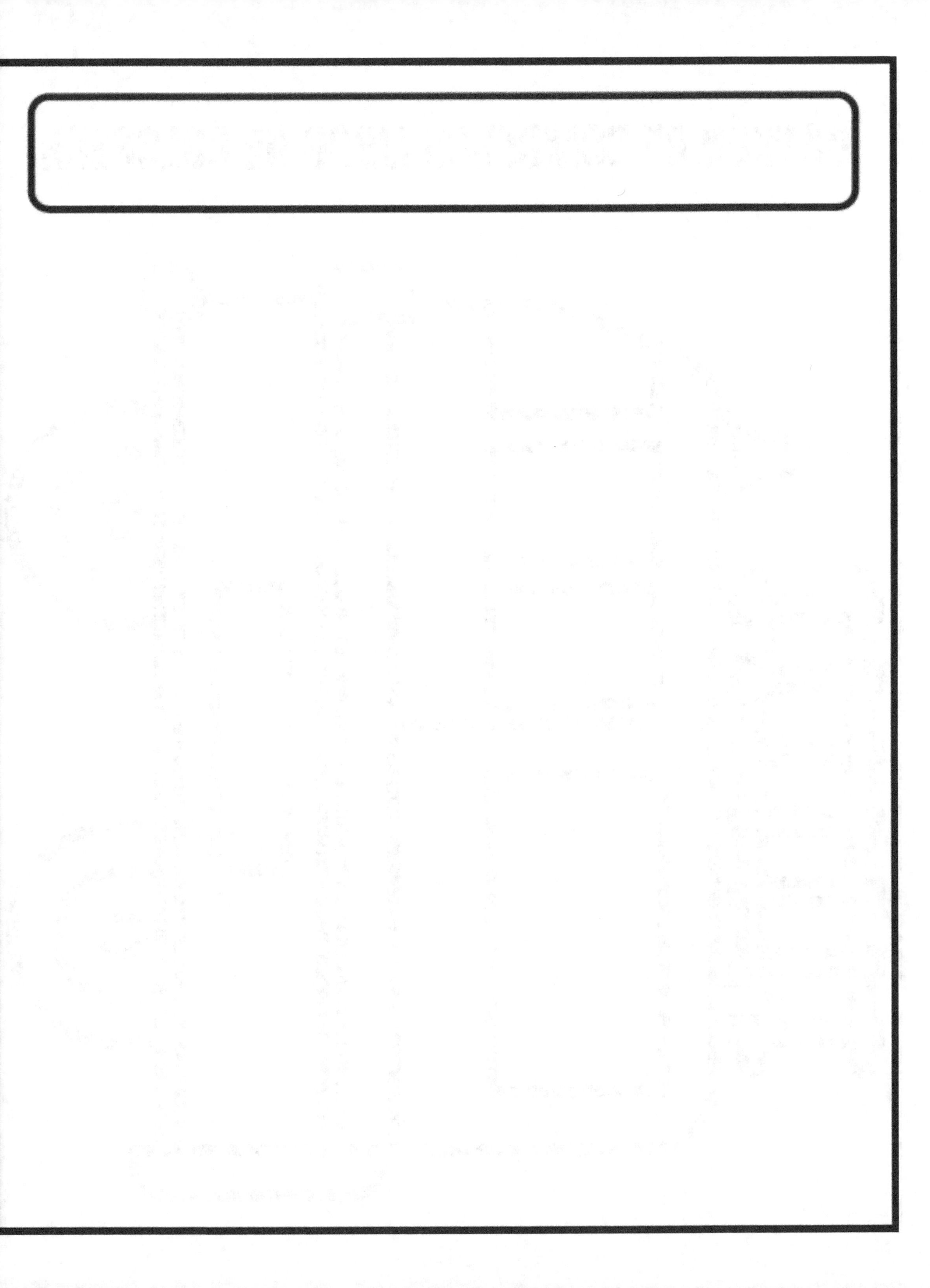

CAMIÓN DE BOMBEROS LIBRO DE COLOREAR

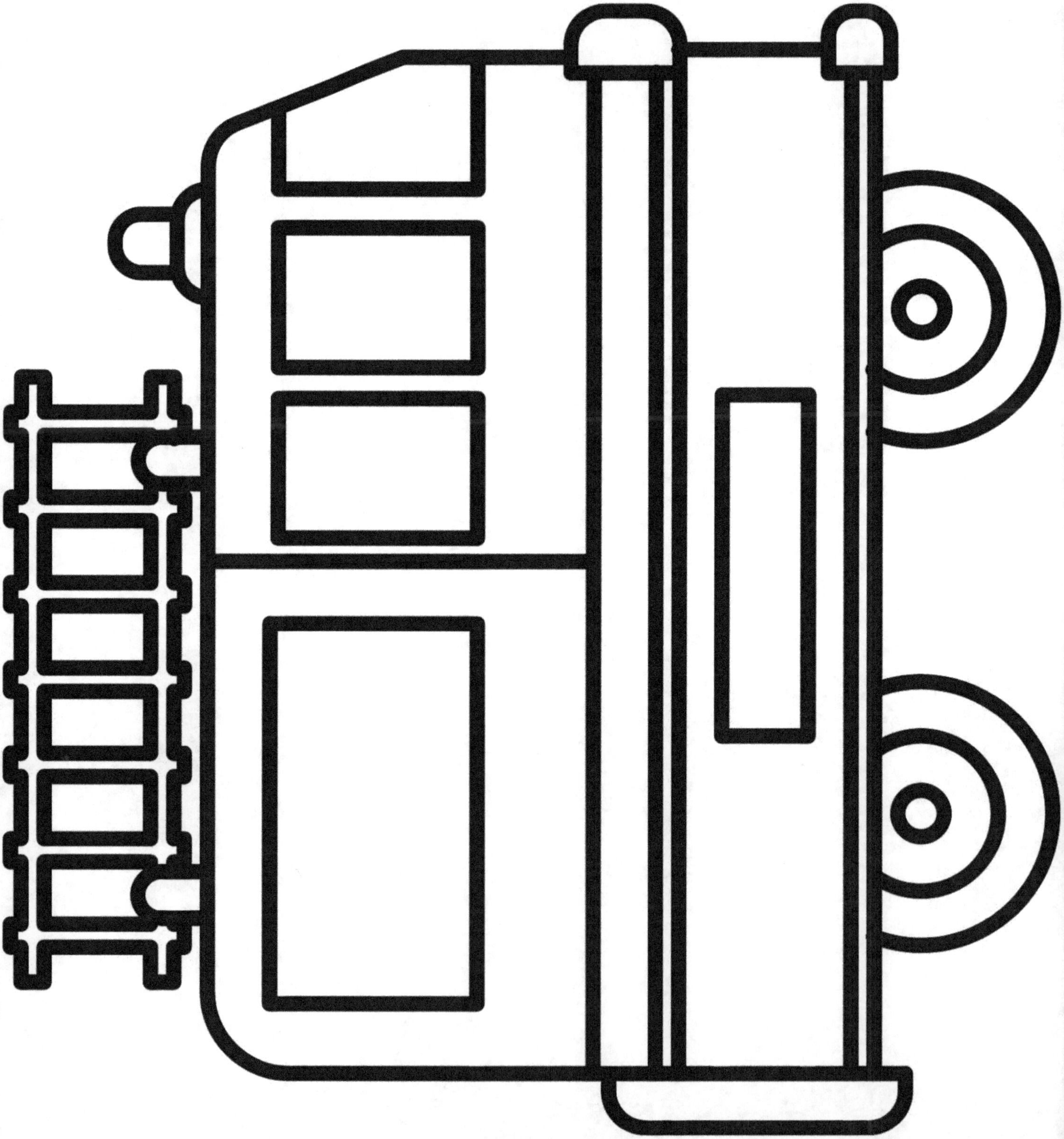

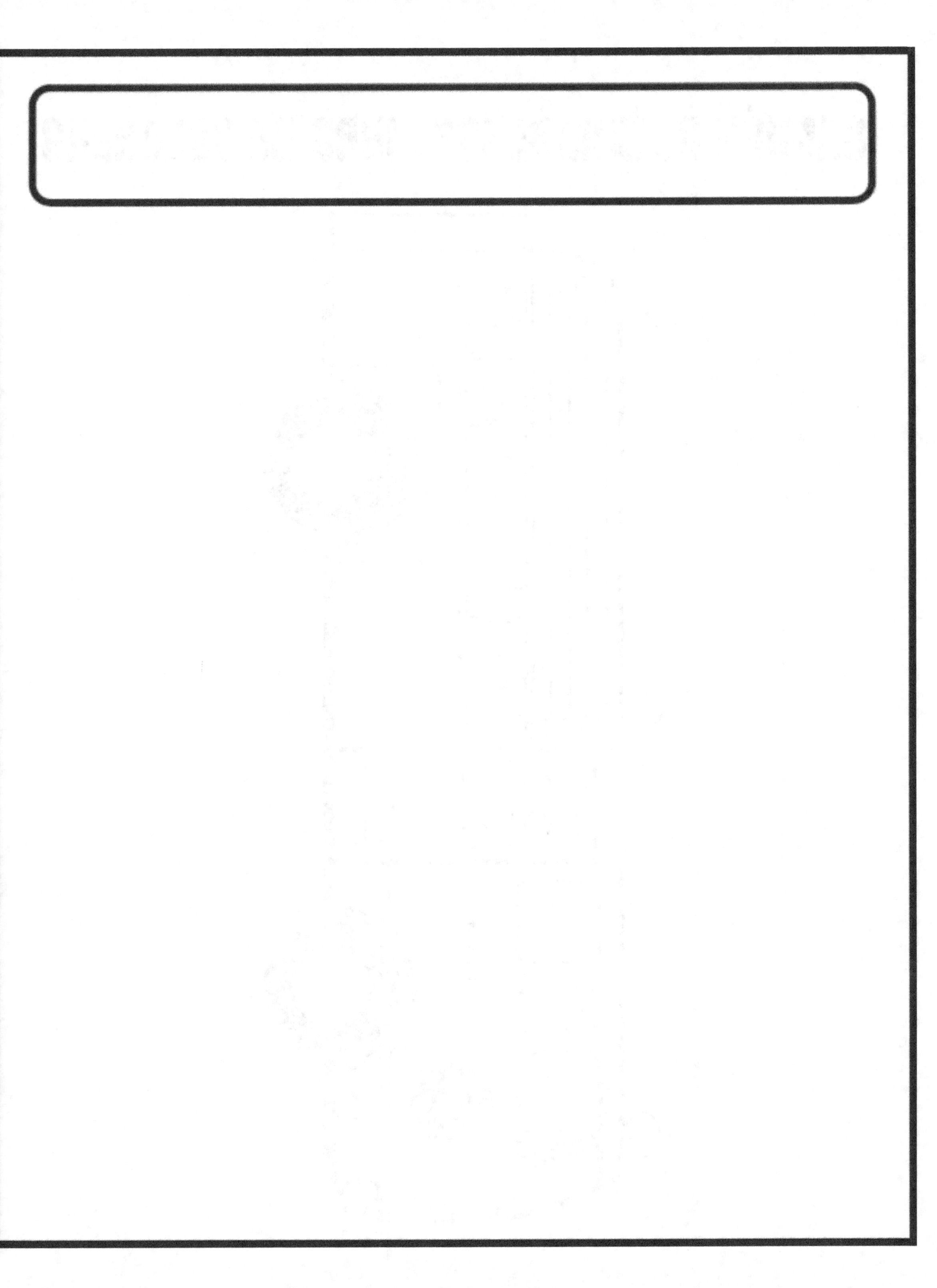

CAMIÓN DE BOMBEROS LIBRO DE COLOREAR

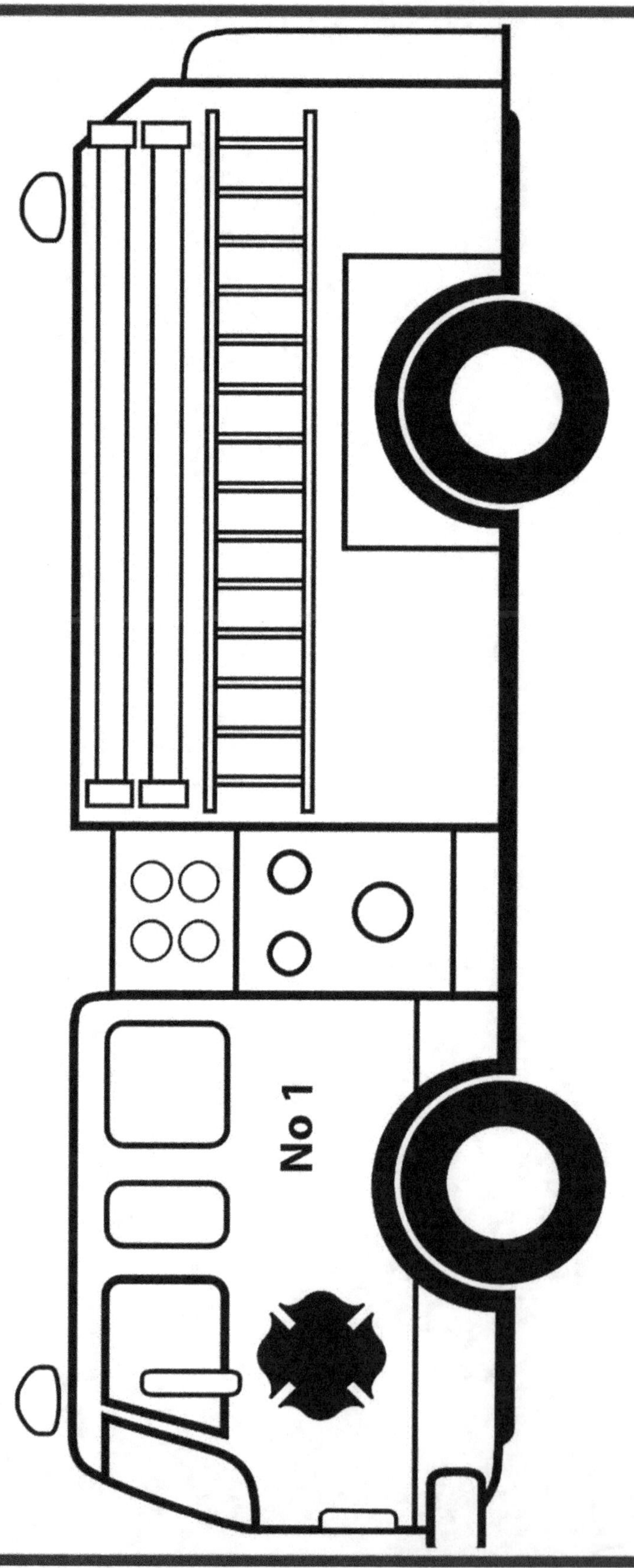

No 1

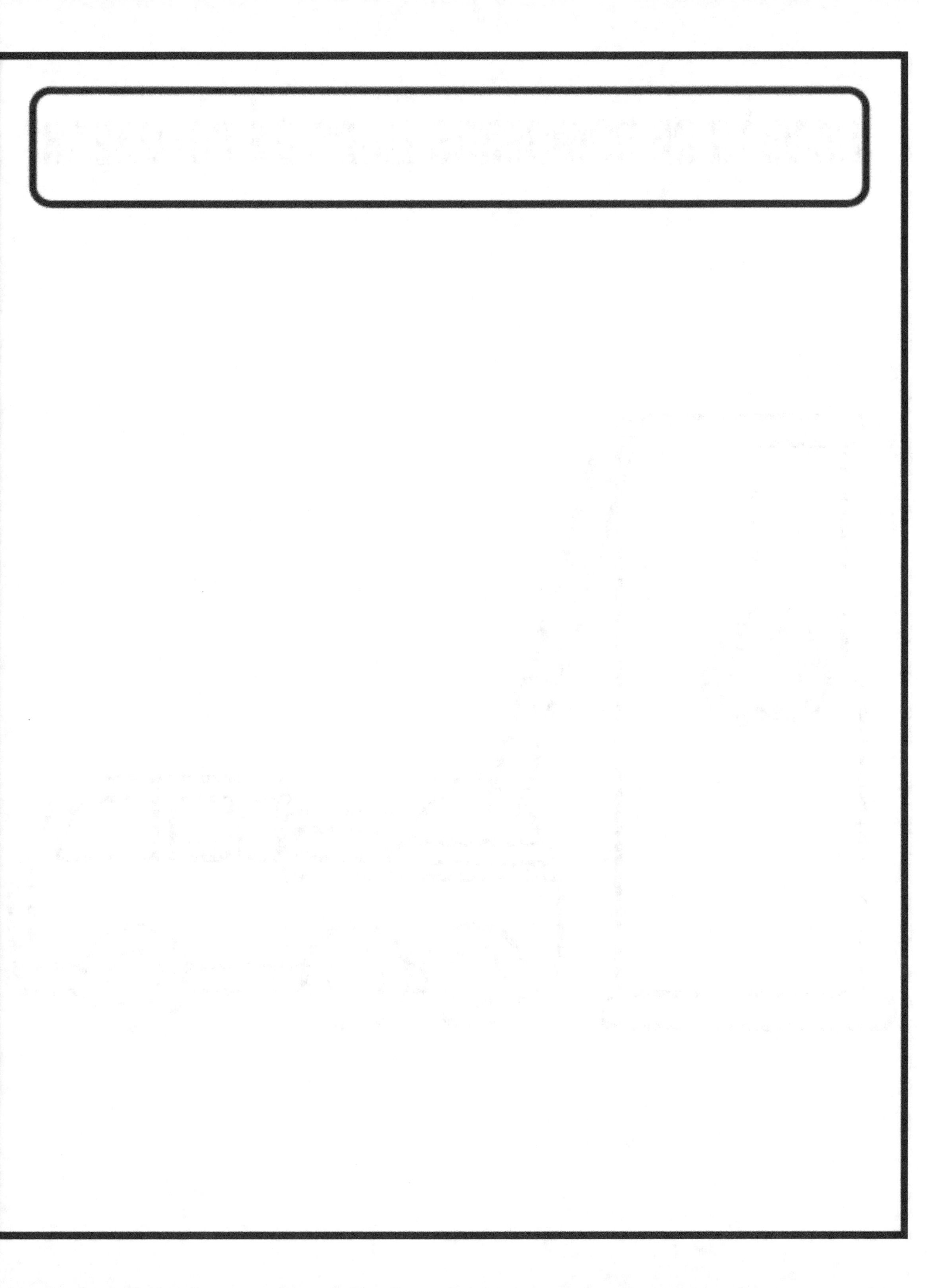

CAMIÓN DE BOMBEROS LIBRO DE COLOREAR

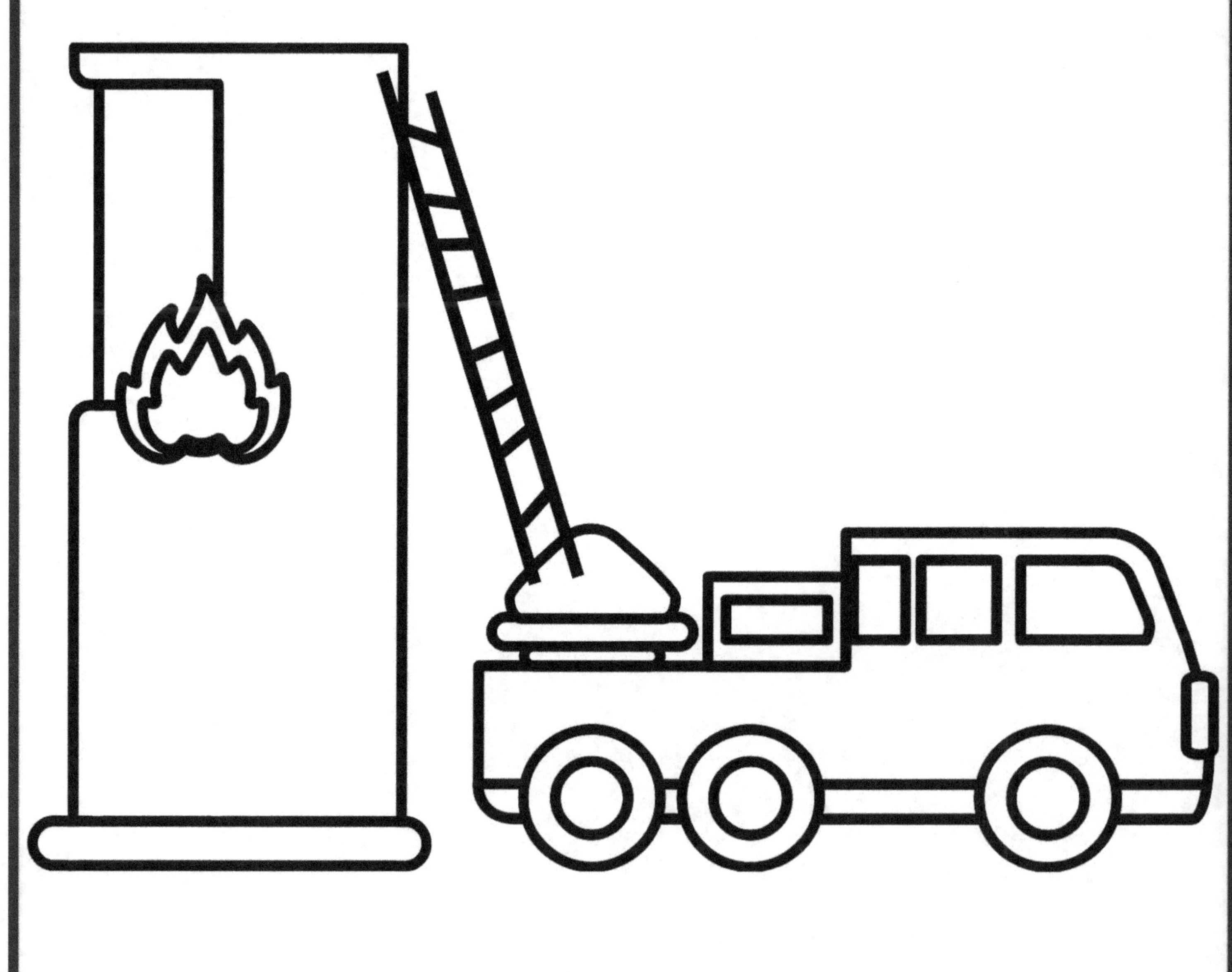

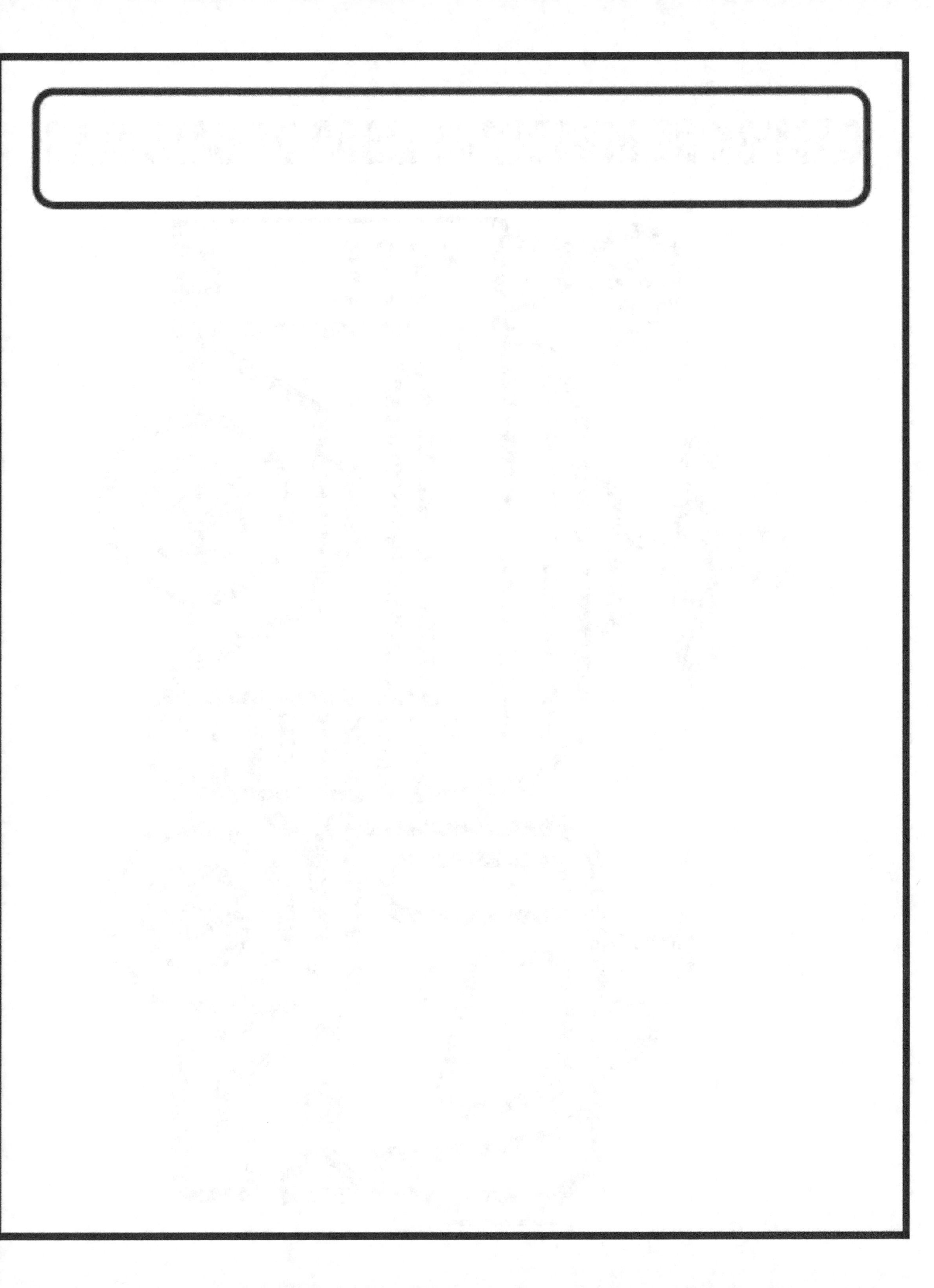

CAMIÓN DE BOMBEROS LIBRO DE COLOREAR

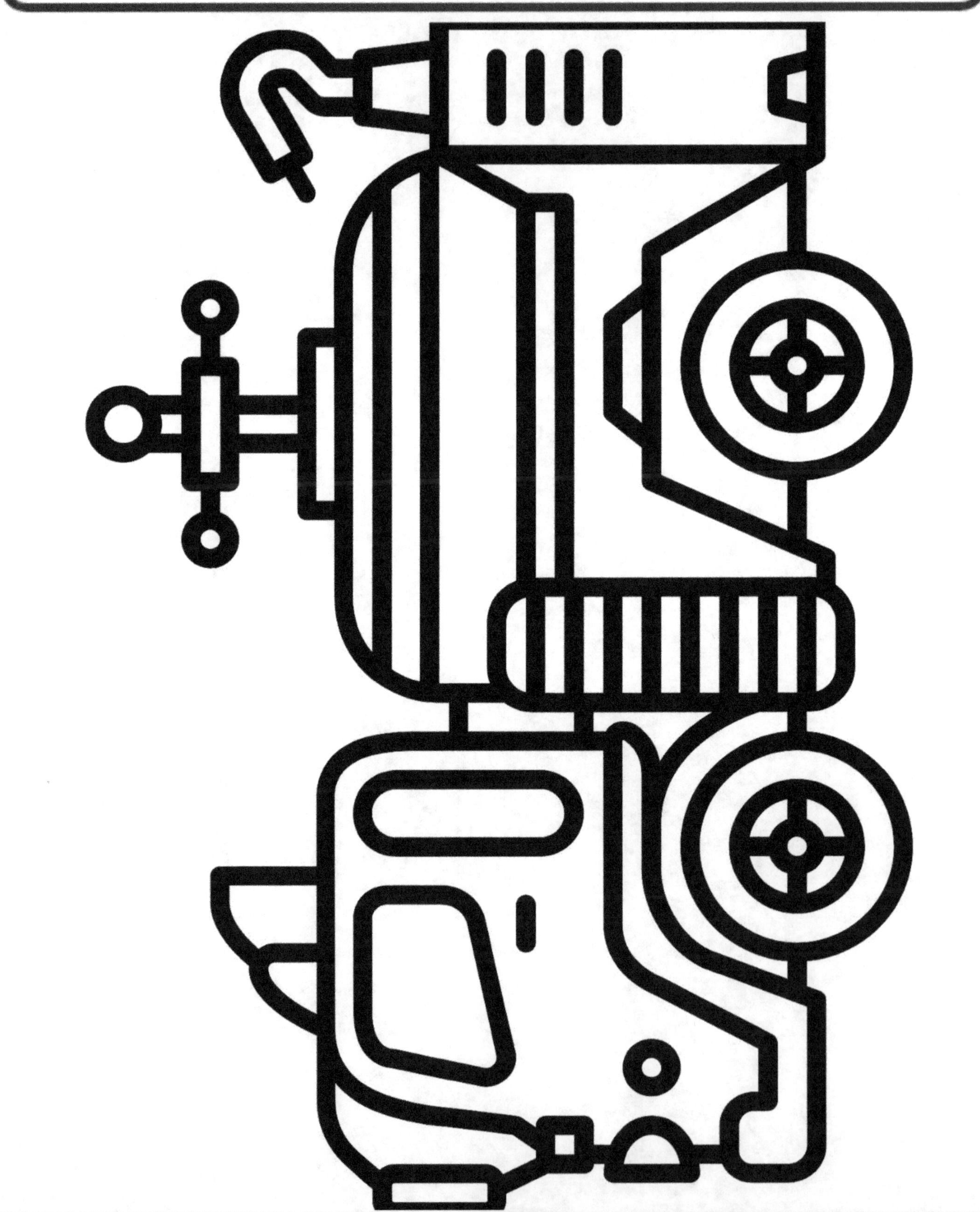

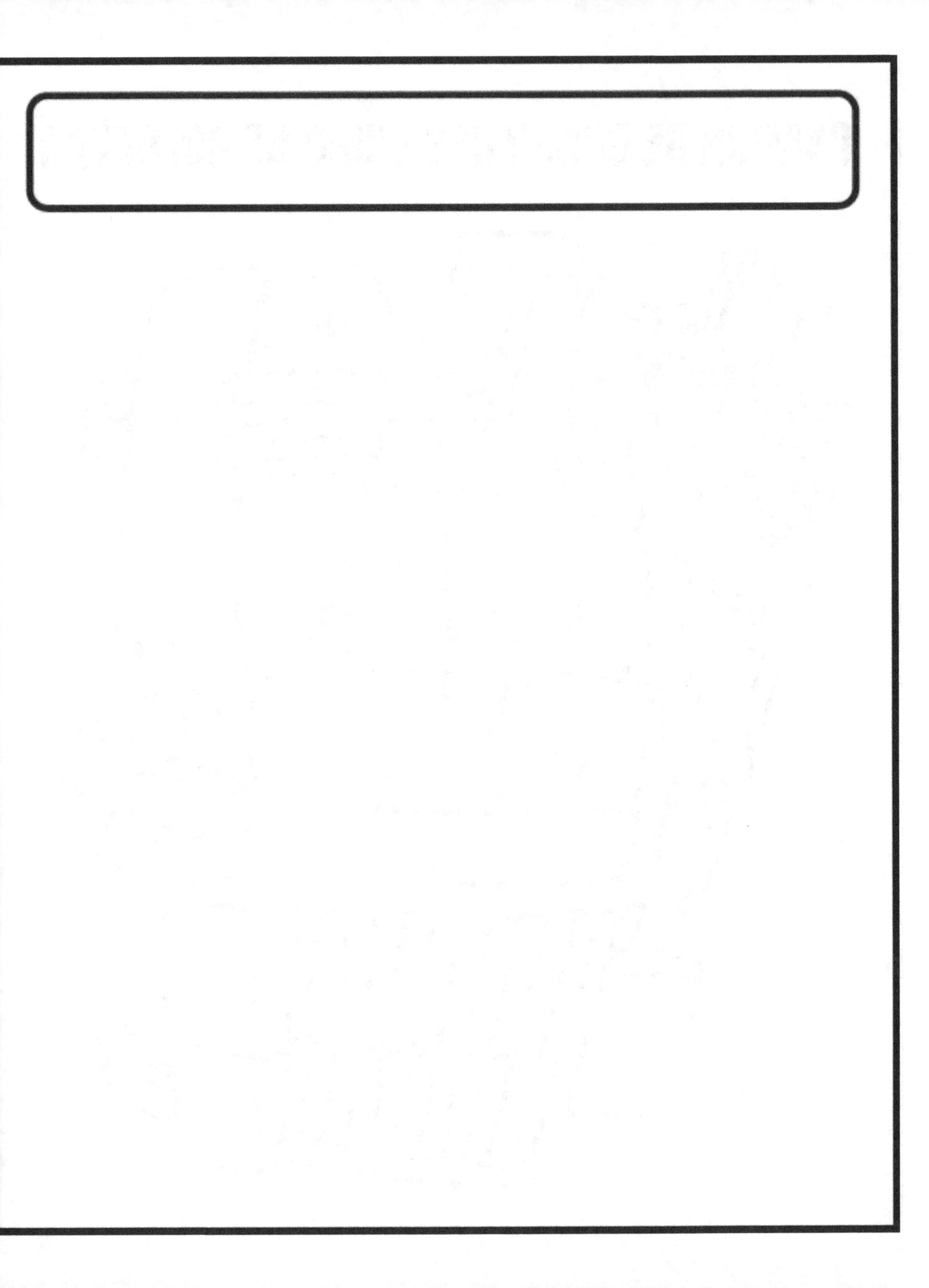

CAMIÓN DE BOMBEROS LIBRO DE COLOREAR

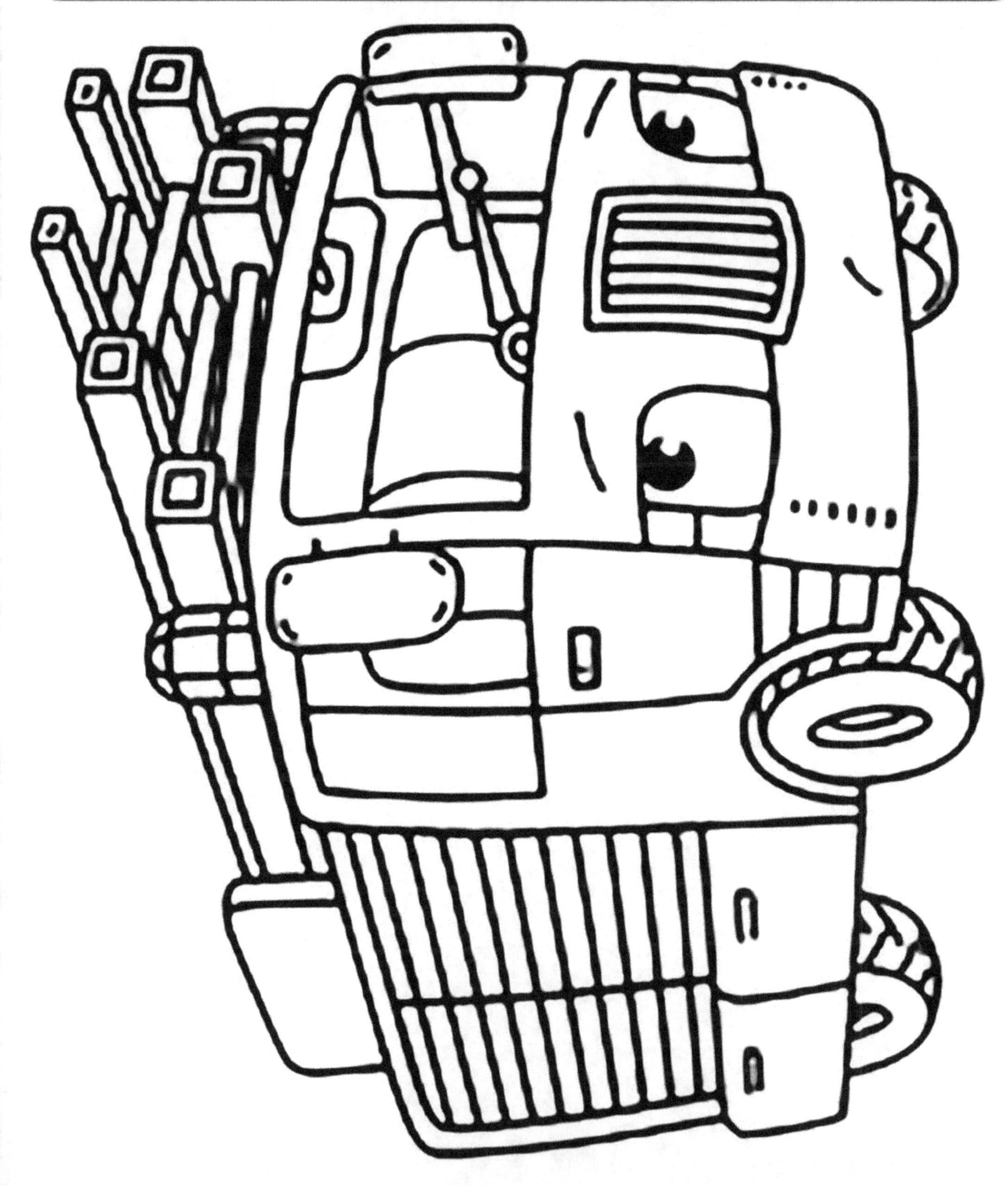

CAMIÓN DE BOMBEROS LIBRO DE COLOREAR

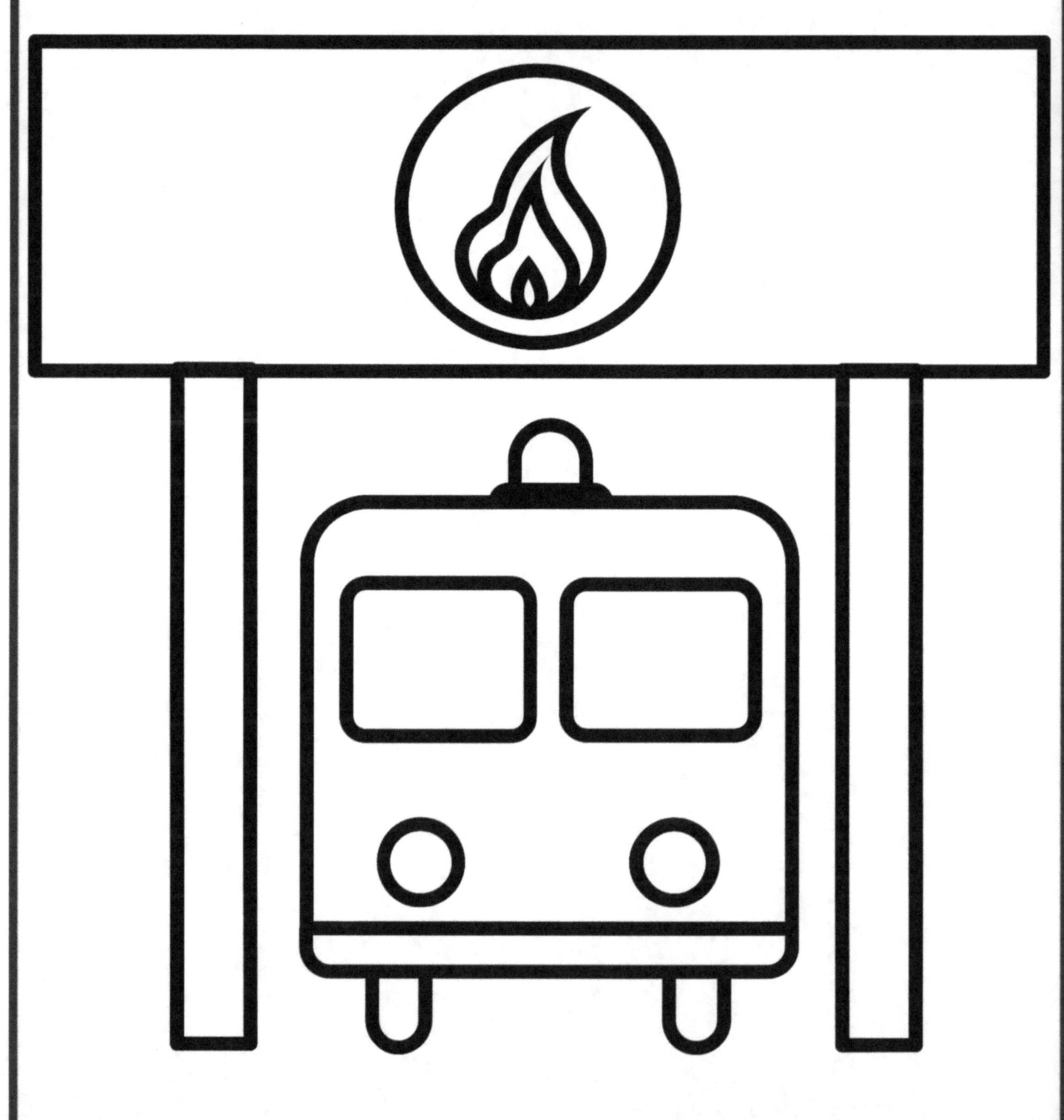

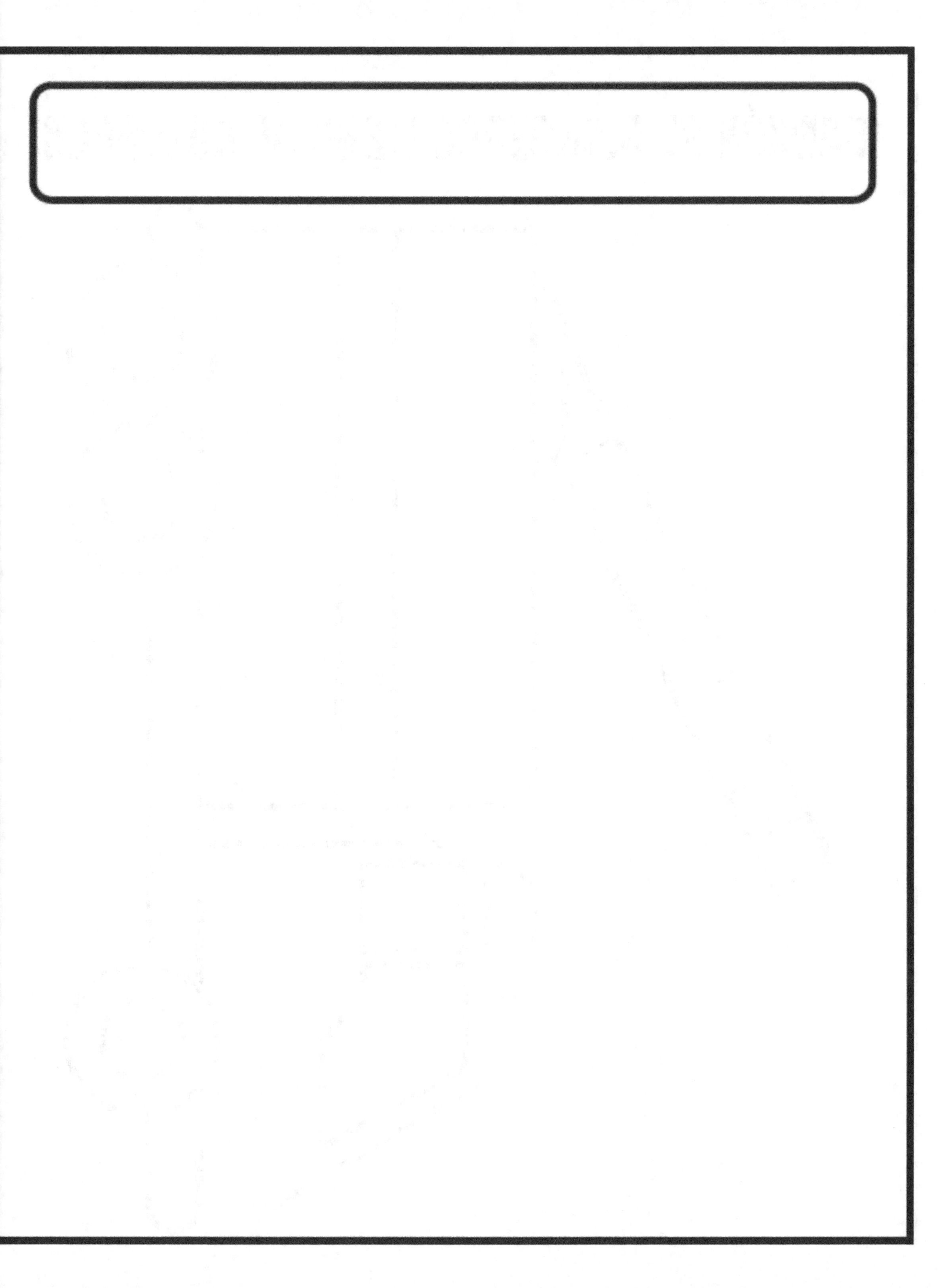

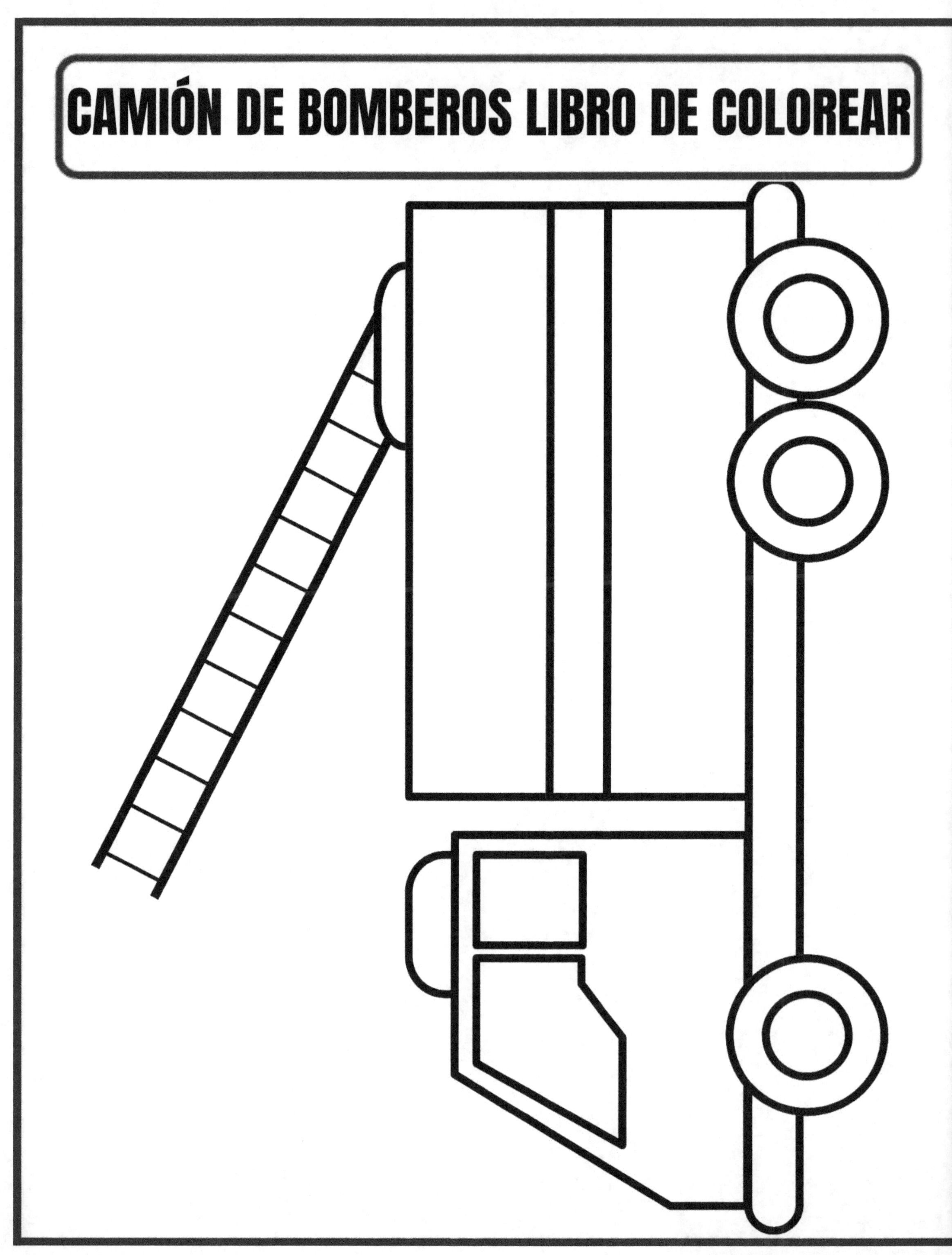
CAMIÓN DE BOMBEROS LIBRO DE COLOREAR

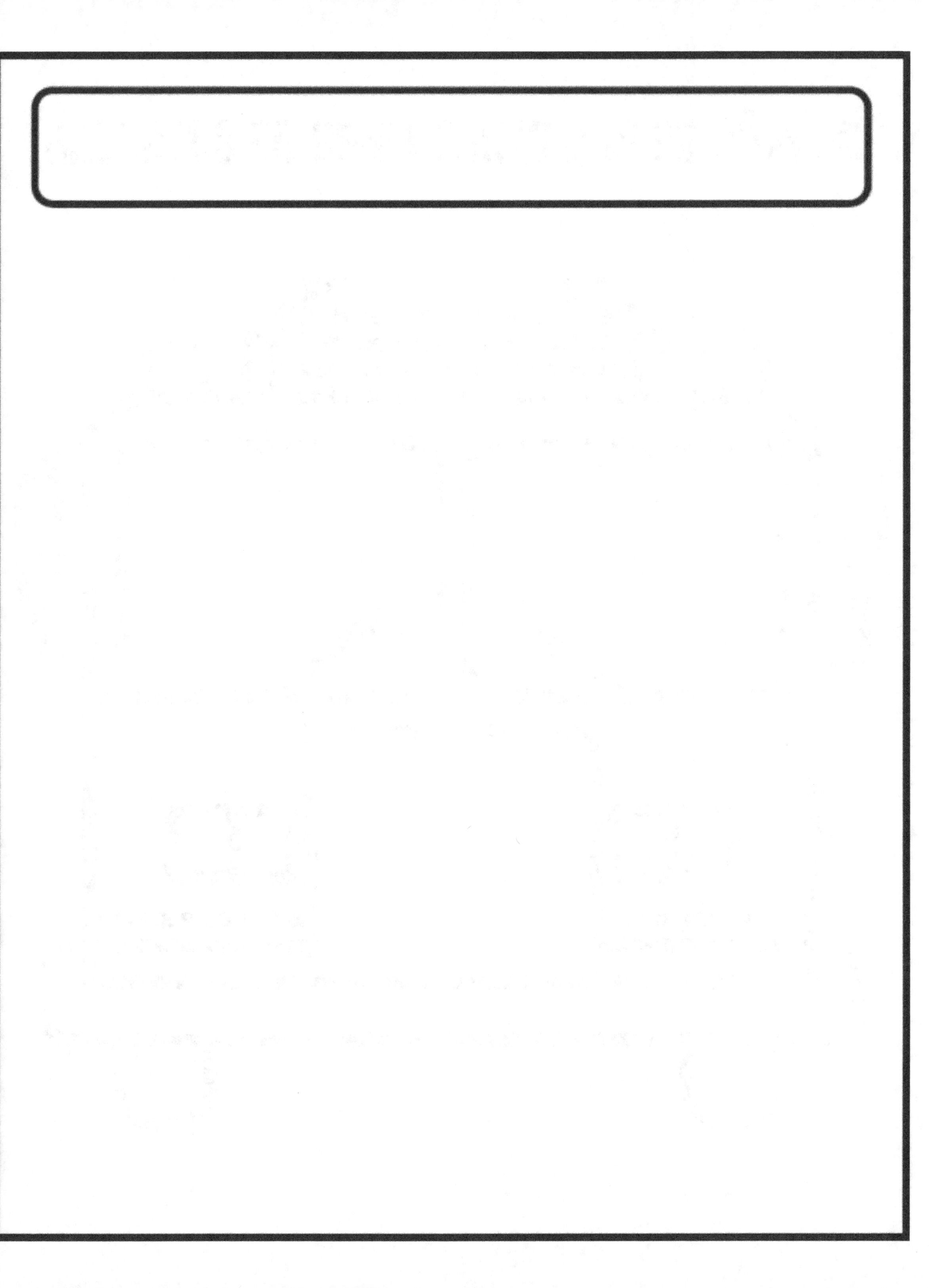

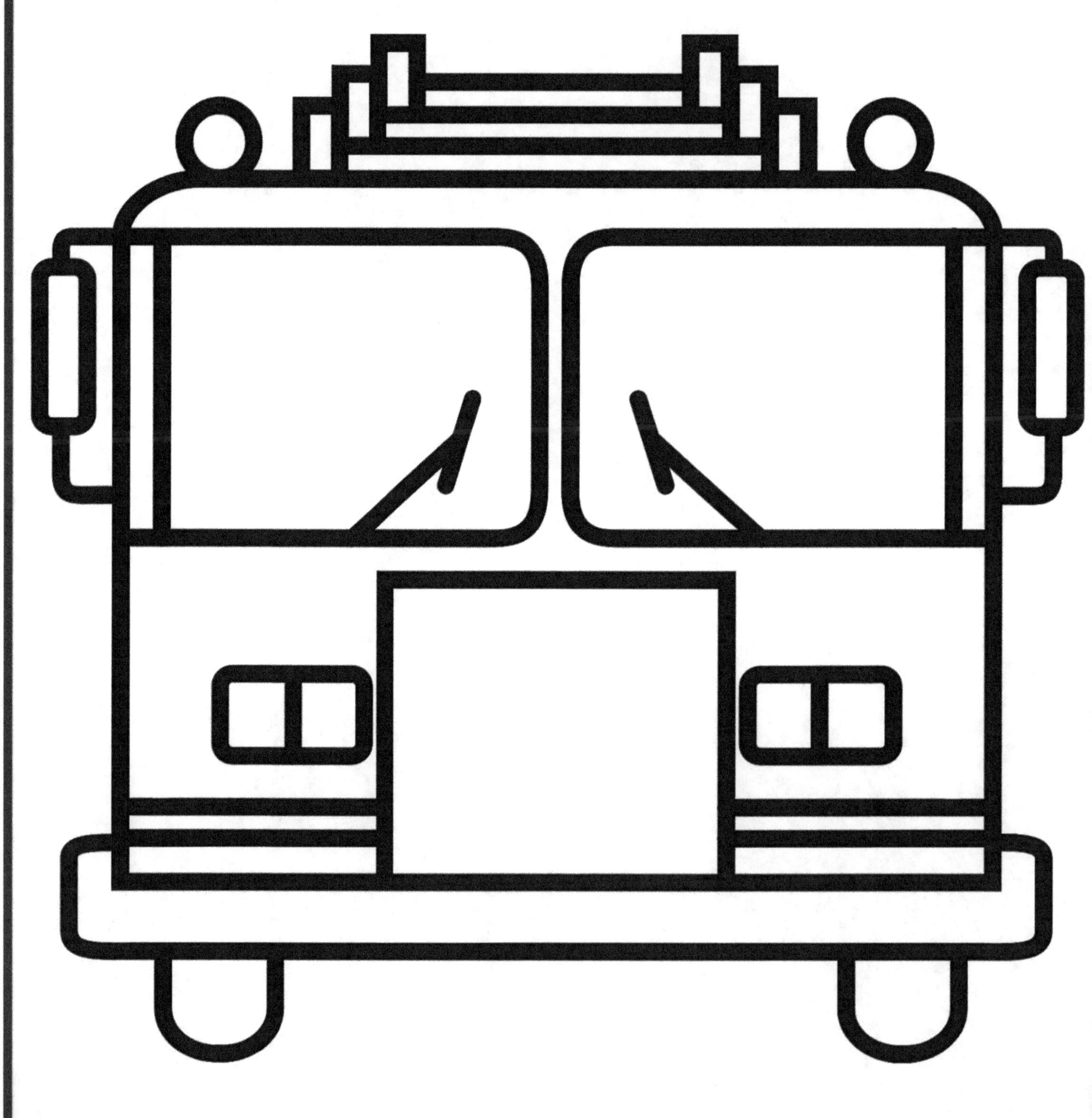

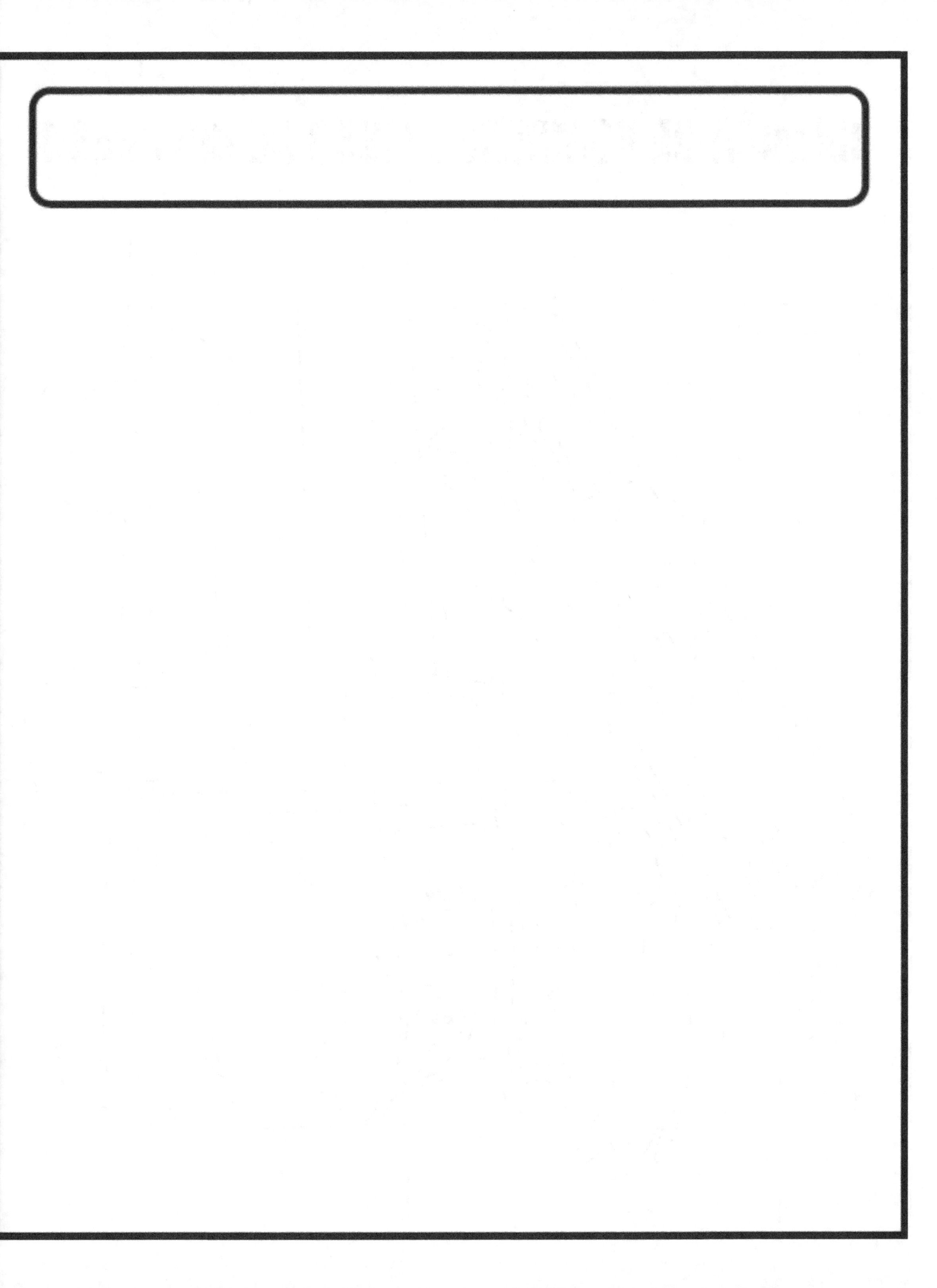

CAMIÓN DE BOMBEROS LIBRO DE COLOREAR

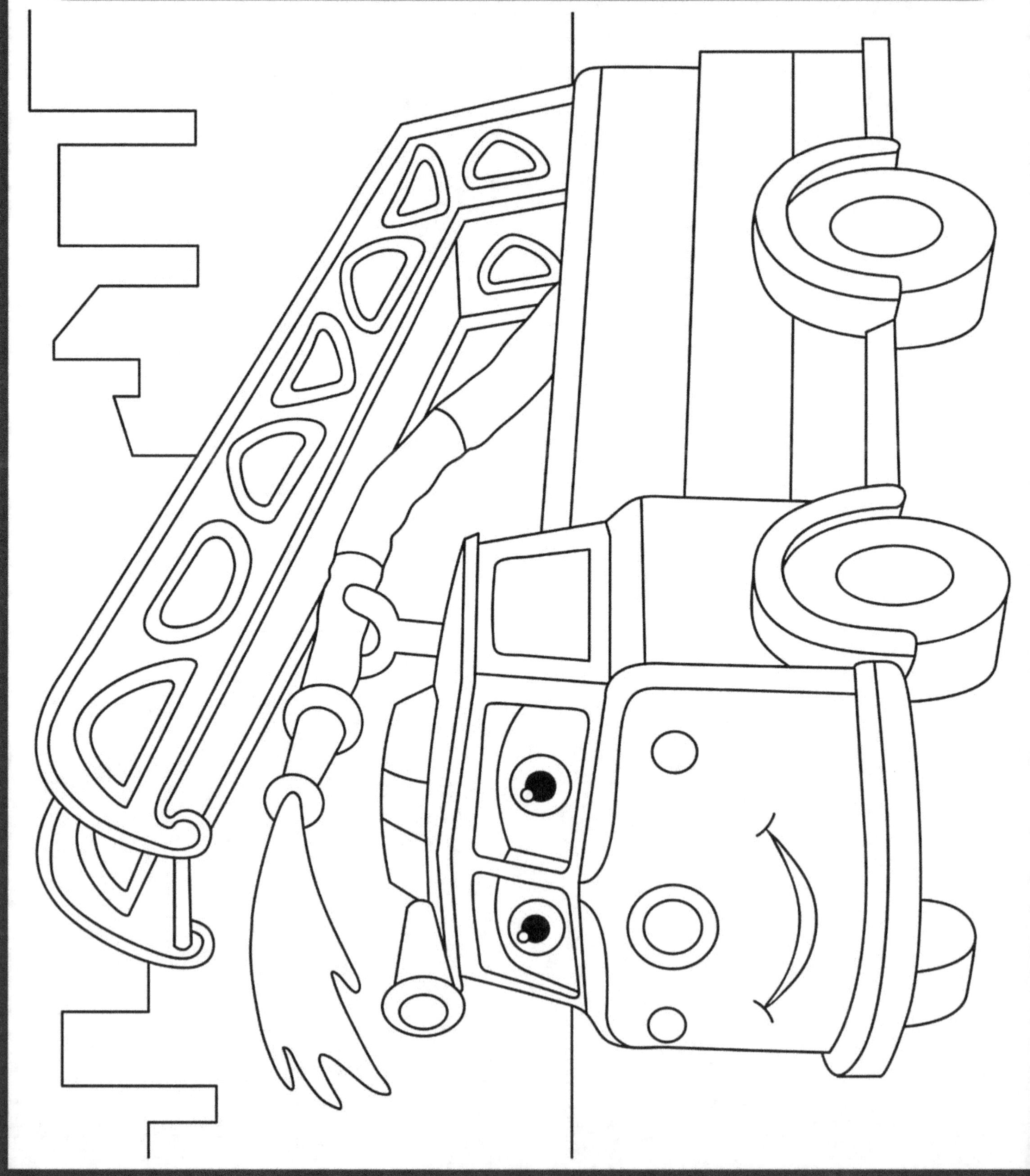

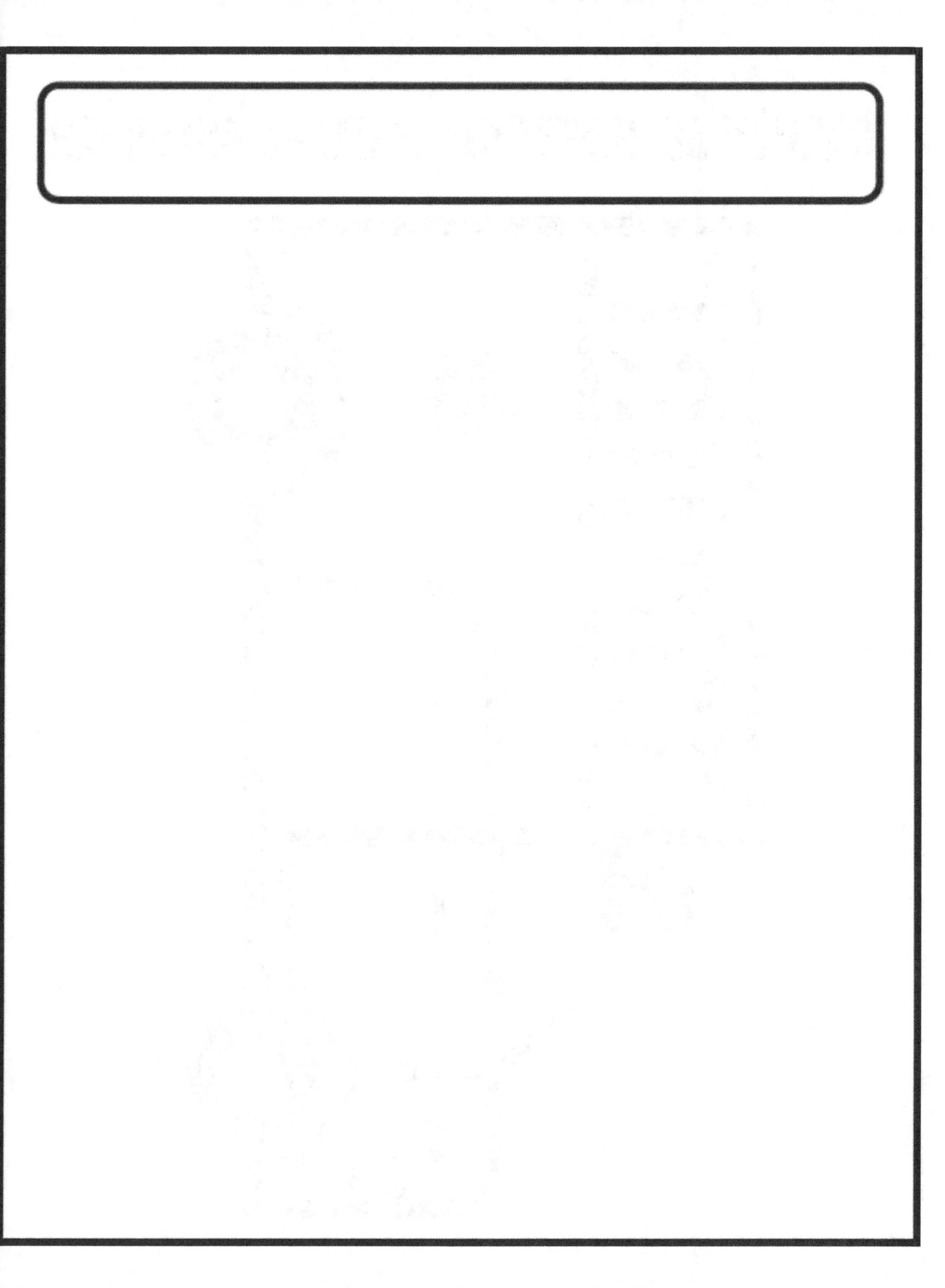

CAMIÓN DE BOMBEROS LIBRO DE COLOREAR

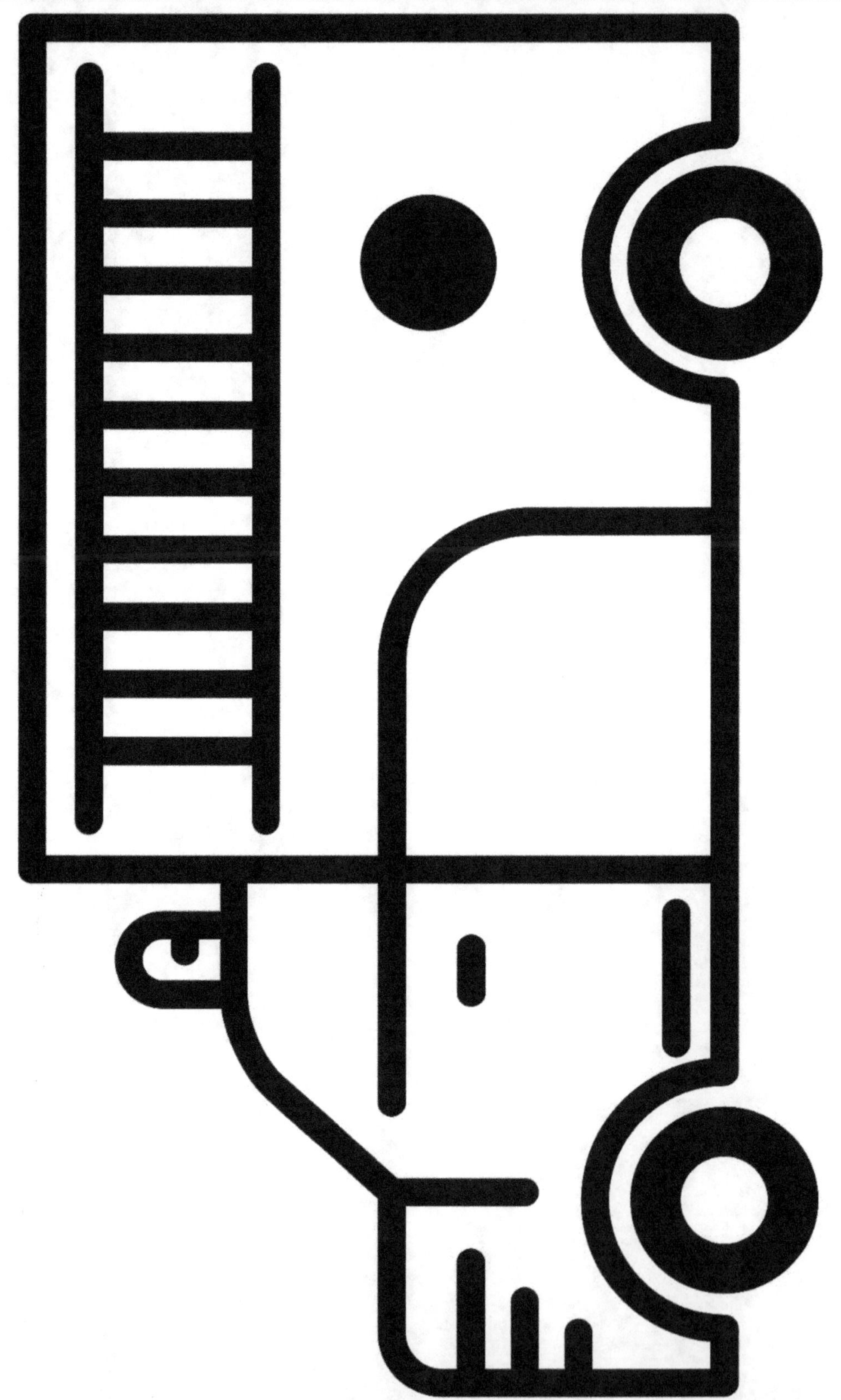

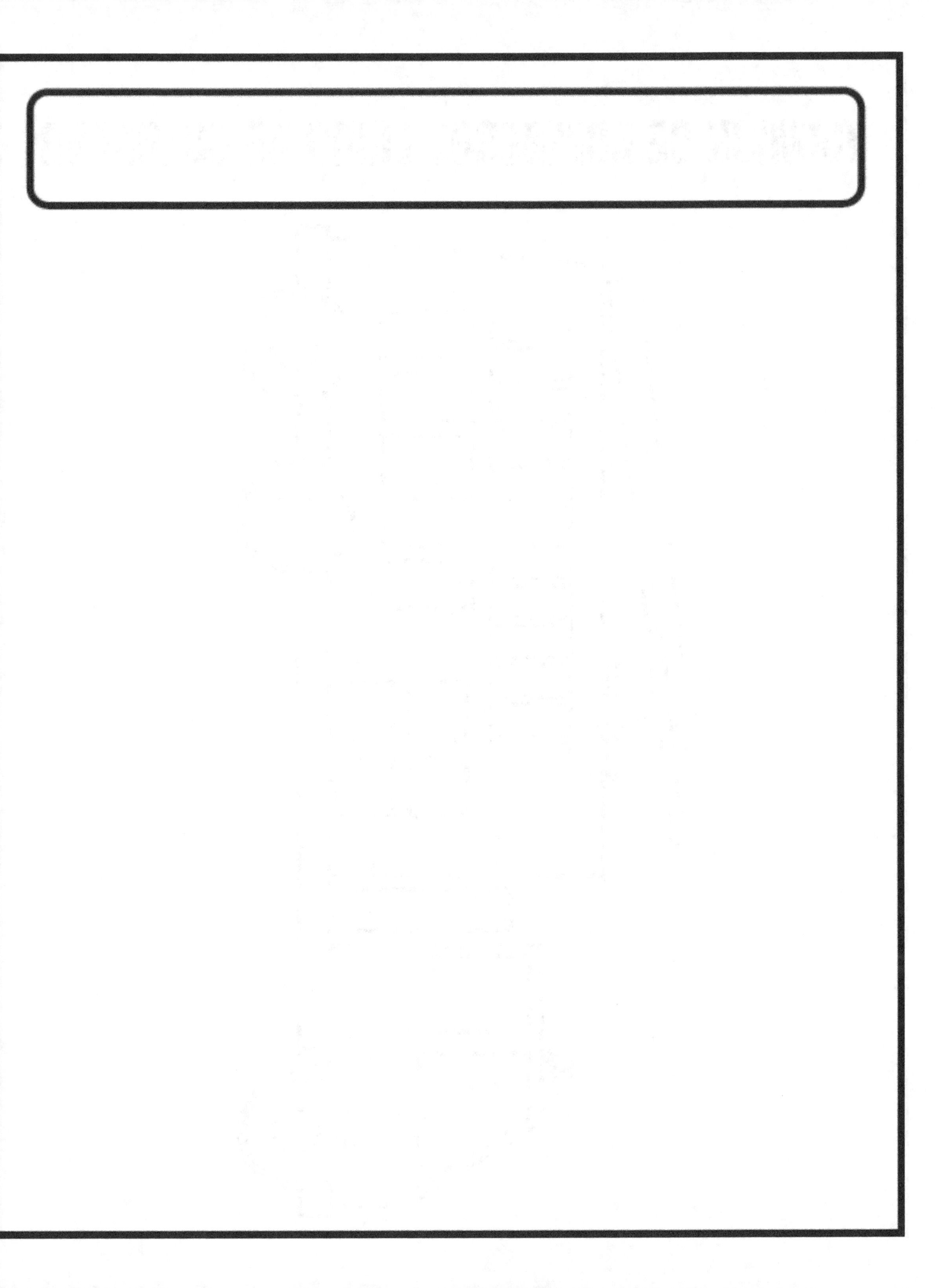

CAMIÓN DE BOMBEROS LIBRO DE COLOREAR

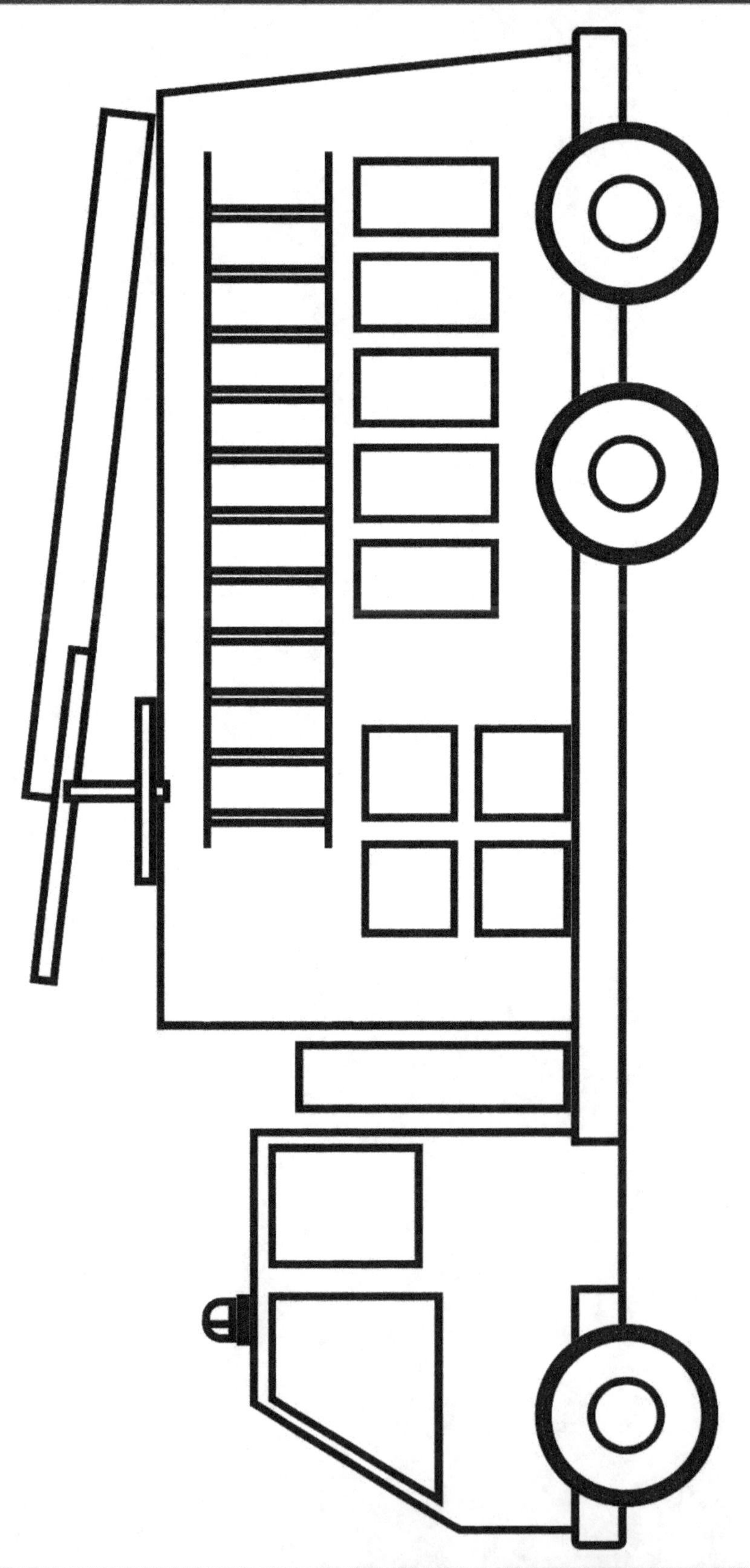

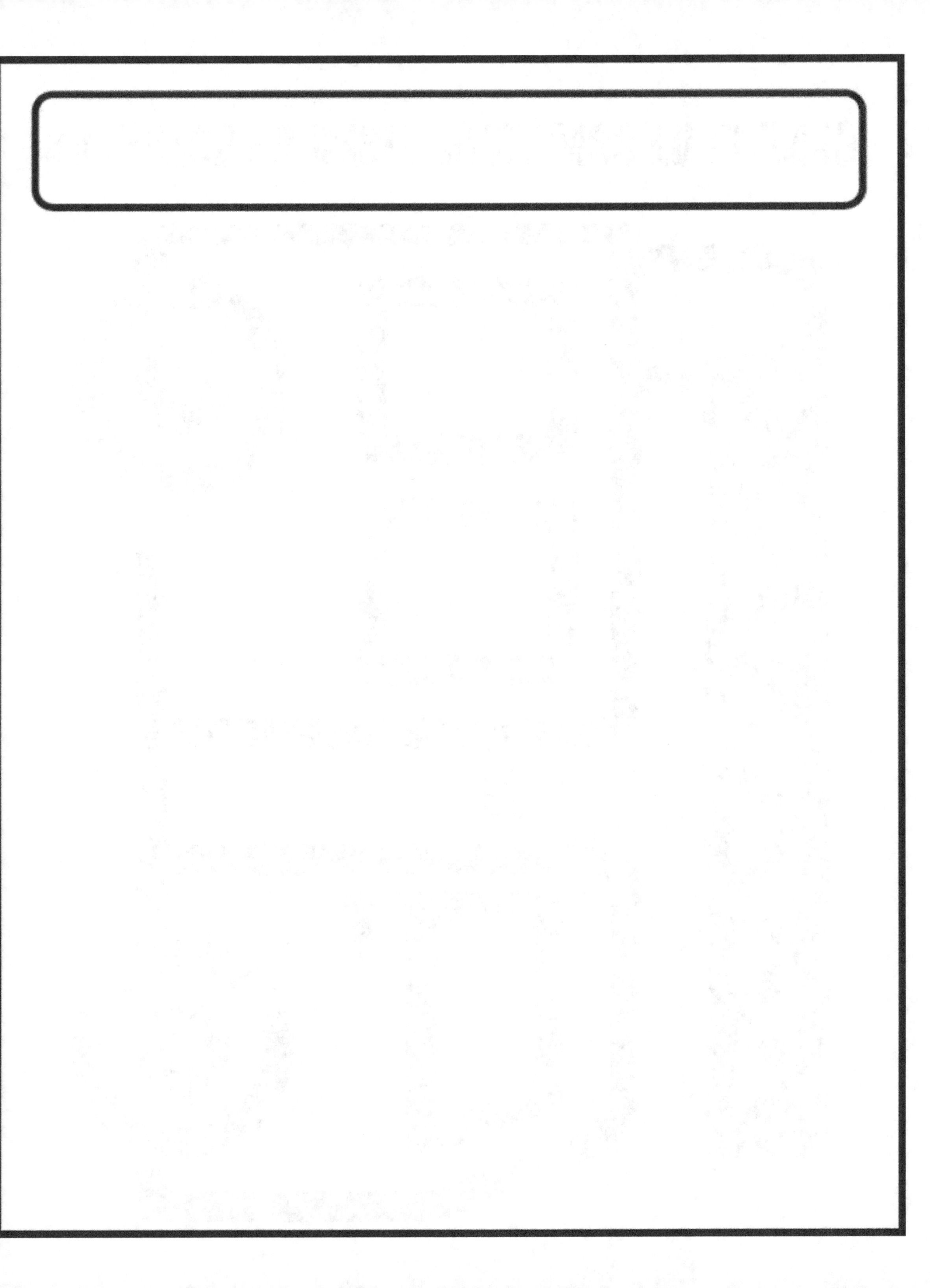

CAMIÓN DE BOMBEROS LIBRO DE COLOREAR

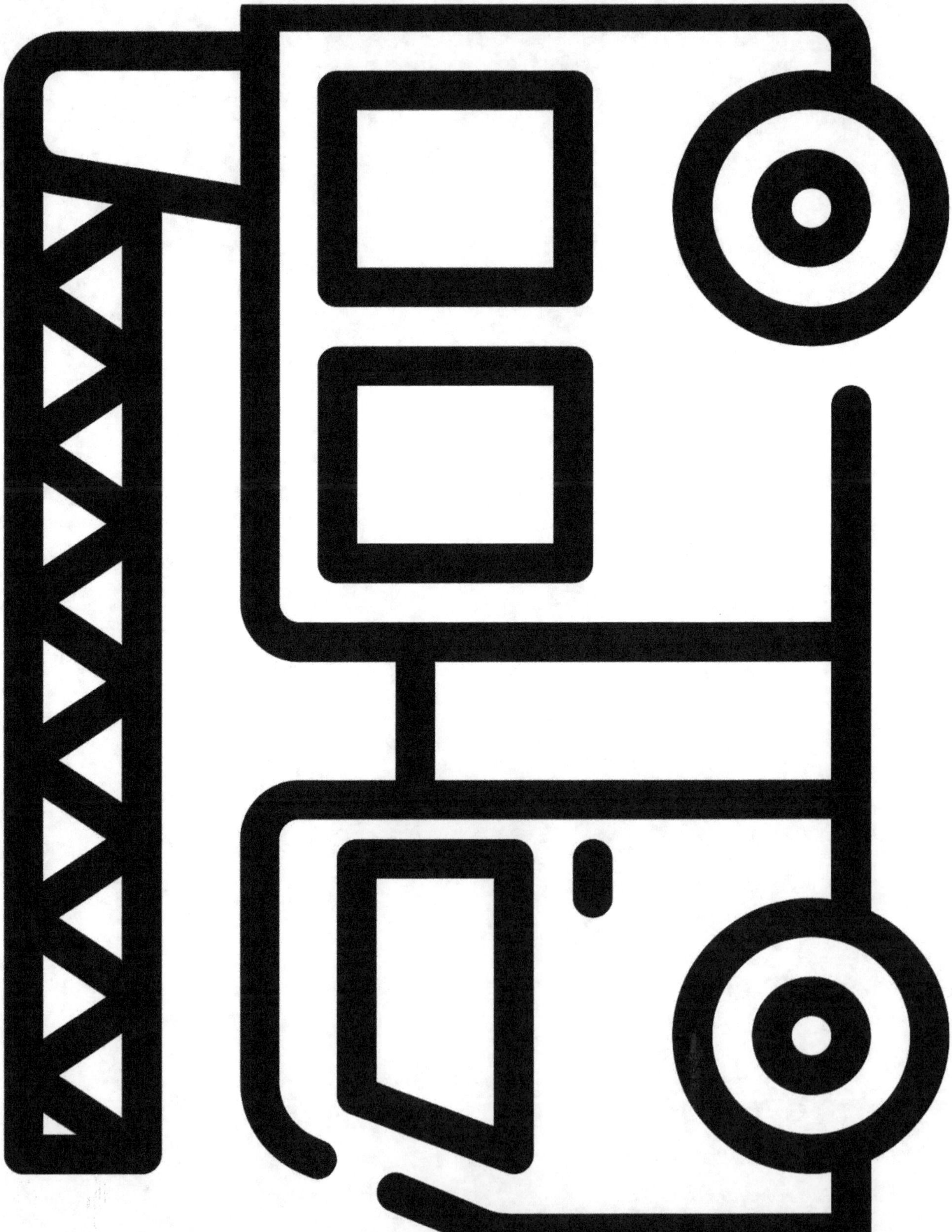

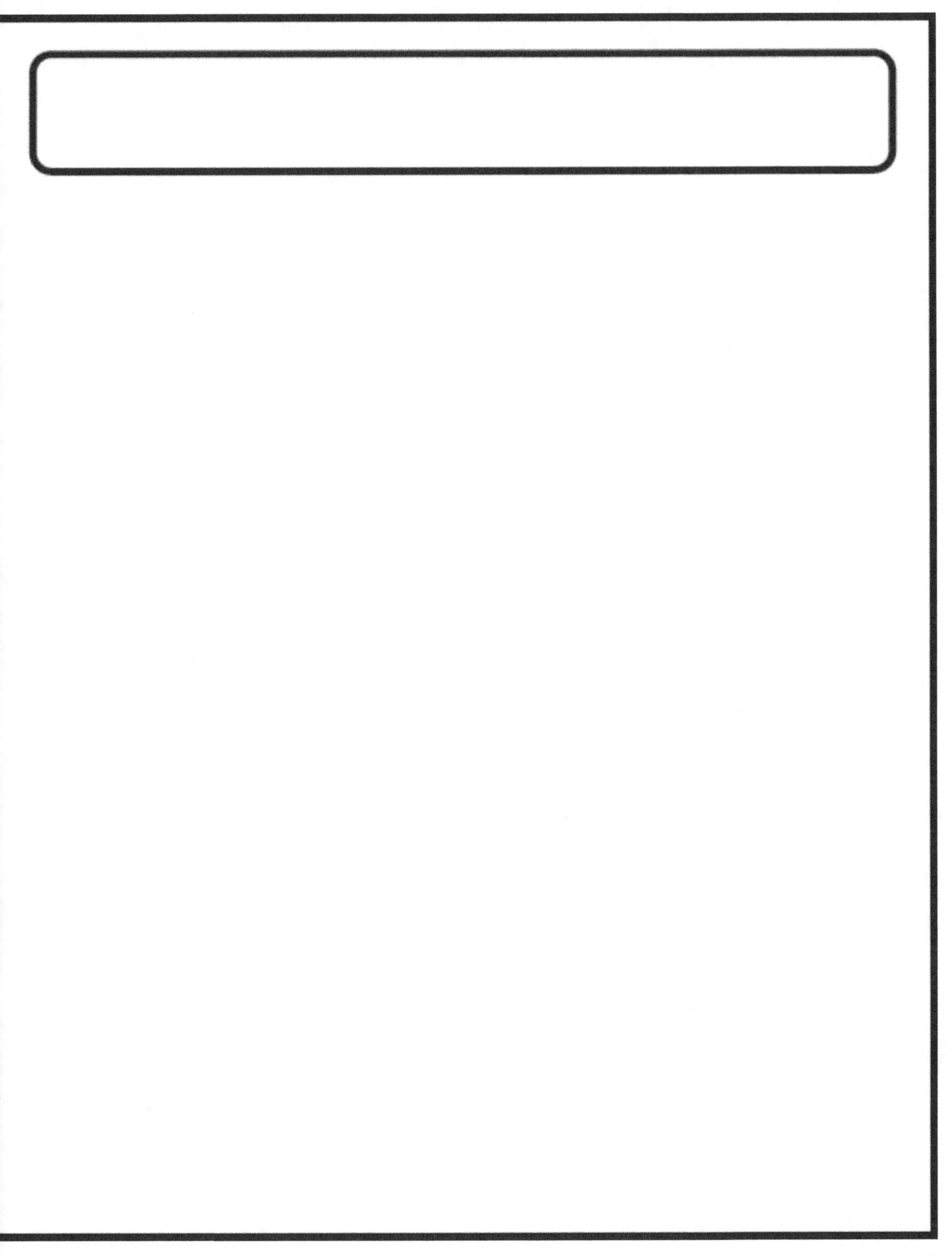

www.ingramcontent.com/pod-product-compliance
Lightning Source LLC
Chambersburg PA
CBHW080259180726
47999CB00018B/2713